U0002346

世茂出版有限公司
世潮出版有限公司
智富出版有限公司

世茂出版有限公司
世潮出版有限公司
智富出版有限公司

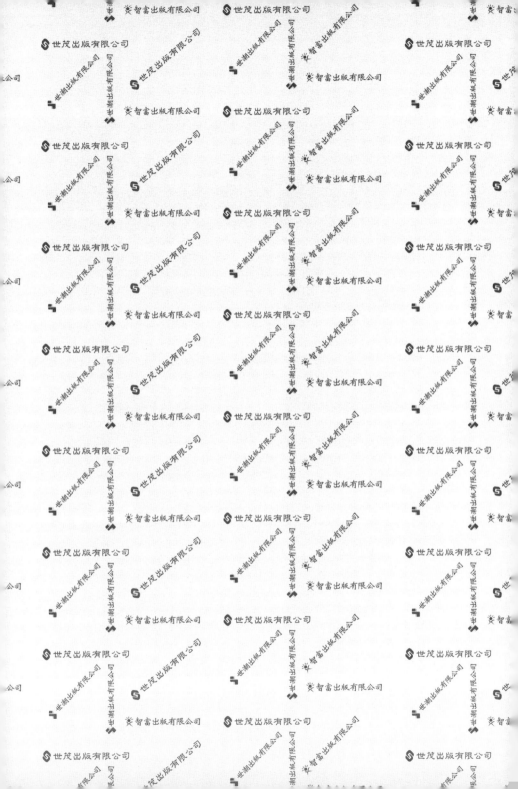

晨活30分
九成的煩惱都會消失

枡野俊明——著
藍嘉楹——譯

前言

首先我想請教各位一個問題：不曉得大家是否思考過有關「運氣」這方面的問題呢？

「為什麼我會這麼不走運呢……」

「說不定我天生就是個與好運無緣的人……」

或許正如上述所言，只要一提到運氣，大家還是以感嘆自己的運氣不佳、缺乏好運的情況居多。

環顧身邊的人，確實找得到某些看似掌握好運的幸運兒，但自己永遠不得其門而入，甚至還因此心理不平衡……

一般人提到運氣，大多抱持著類似的看法。

但是，絕對不是只有「被選中的人」才能得到好運。所謂的幸運，是靠自己掌握而來。

「幸運只眷顧準備好的人」這句話，是法國細菌學家路易·巴斯德的名言。意外的是，這句話和禪宗的思維竟是完全契合。

舉個簡單的例子說明吧。

春天一到，百花盛開。花蕾之所以能夠綻放，都要歸功於和煦的春風。不過，花蕾不可能一口氣同時綻放。只有為開花做好萬全準備的花蕾，才能成功攔截春風，開出美麗動人的花朵。

春風一視同仁的吹拂每一株花草，但沒有做好準備的花蕾開不了花。沒有做好準備的花蕾，只能靜待下次的春風。

幸運和春風非常類似。

掌握幸運的機會人人均等。有些人能夠充分運用，有些人則否。到底兩者的差異是什麼呢？

看到這裡，想必各位都已心領神會。**兩者的差異就在於有無做好準備**。

我剛才提到巴斯德說「準備好的人」，換個說法，也就是「已經做好準備的狀態」。

禪宗認為精神與身體無法切割，只有在身心皆處於「萬全準備」的狀態下，才能吸引幸運駐足停留。

那麼，所謂的萬全準備，是什麼意思呢？其實就是「身心已經整頓完成」。

我想應該還是有人納悶不解「該怎麼做才能整頓身心呢？」

各位可以從下列的禪語找到線索。

「調身、調息、調心」。

意思是先整頓好身體，呼吸和精神也會依序穩定下來。

所謂的整頓身體，應該是「做對的事」。

這點也是為了掌握幸運的前置準備。

關鍵在於起頭，也就是「早晨」。

充實一日之計的早晨時光，讓身體和精神在整頓完備的狀態下度過一整天，等同於為了掌握幸運的準備作業。

接著，請大家回想平常的早晨時光。我想，別說「充實」了，絕大多數人的早晨，應該都屬於分秒必爭的戰鬥時光吧。

我之所以開始正視早晨的重要性（正確說來是被提醒），契機始於我以修行僧的身分，正式展開禪宗的修行生活。成為修行僧後，我每天在天亮前起床，起床後第一件做的事是坐禪，接著是做早課、掃除等勞務。每個修行生活的早晨，雖然必須遵守嚴格的戒律，但也讓我感覺非常充實。

展開修行生活已經有數十年，但我至今仍然保持清晨4點半起床的習慣，確保不會虛度早晨的時光。因為我認為每天依照既定的行程按表操課，能讓每一天過得非常充實。

每天都過得很充實，意味著每天都受到幸運的眷顧。

本書以禪的思維為基礎向各位提案，目的是讓每個人能度過更為充實的早晨。

本書提供的建議都是僅需早起「30分鐘」就辦得到的簡單內容，一點都不困難。

根據我親身的體驗，我可以向各位保證，本書可以替大家帶來幸運。換句話說，也就是打造出「幸運體質」。

請各位從明天早上開始試試看。

請務必親身體驗隨心所欲的暢快感。

目錄

第三章　身體力行！養成早晨整頓身心的禪式習慣

第一章

早晨，應該用來做什麼？

早晨10分鐘，勝過晚上1小時

提起早晨，大家抱有怎麼的印象？

最常見的選項，不外乎是以下幾種：

「每天都在趕趕趕。」

「忙得恨不得多生兩隻手。」

「永遠覺得時間不夠用，快來不及了。」

一早起來，是不是總忙著上班，而有種被時間追趕的錯覺呢？

我想，手忙腳亂、倉皇失措，或許是一般人對早晨時段的第一印象吧。

事實上，果真如此嗎？

我認為，早晨是一段能夠靈活運用的時間。

早晨的運用方式也會影響接下來的一天；若是運用得當，可以過得多采多姿，反之則徒留懊悔與空虛。

人的一生就是一天一天的累積。從長遠的眼光看來，決定一天好壞的早晨，堪稱左右人生的重要關鍵。

首先，請各位拋開成見，並摘下有色眼鏡，仔細思考早晨時間的意義所在。

無須我贅言，每個人的早晨，都是由睡夢中醒來而展開序幕。睡眠會消除前一天的疲勞，就身體層面而言，剛好是身體態最萬全的時候。

不過，精神方面又如何呢？

即使前一晚在就寢前因為心事或問題苦惱不已，經過一夜的休息，起碼在起床的時候，心情多少會輕鬆一些吧？

換句話說，睡醒後，或許心境也正處於「煥然一新」的狀態。

一言以蔽之，早晨最大的特徵在於它是一段能夠讓身心為之一振，容光煥發的時間。不論精神或身體，皆處於最佳狀態。

如果在匆忙不已、手忙腳亂的情況下度過如此寶貴的時間，難道不覺得可惜嗎？

因為這麼做，對時間的運用是種浪費，等於白白錯失了最佳狀態所能發揮的最大效益。

完成一天的工作或私事後，到了晚上，大多會感到筋疲力竭，專注力也會大幅下降。

即使還想做其它的事，也是心有餘而力不足，效率一定大打折扣。

例如拿起工作時所需的資料研讀，卻因專注力降低，結果一個字也讀不進去。或者明明打算好好整理房間，但因為體力和精神都已透支，只能望著凌亂的房間嘆氣。我想許多人對這種情況應該都不陌生。

但是，同樣的事情如果移到早晨執行，又會如何呢？

專注力、體力和精神都處於最佳狀態，此時的工作效率，應該是夜間望塵莫及的高水準。

晚上要花1小時才能完成的事，如果改成在早晨進行，只需10分鐘就能完成。

我透過自己以往的經驗，深切的感受到這一點。

用一句話總結，早晨是「最有用」的時間。

早晨是讓自己歸零重置的時間

不曉得大家有沒有聽過這句話？

「苟日新，日日新，又日新」

上述這段典故出自《大學》，意思是如果能去惡從善，就應該日日更新，不斷進入新的境界。

對照以上這段話來看，每天早上醒來時，我們都會發現全新的自己。也就是說，每天早上我們都會獲得全新的生命，因而重生。為了確實感受到這一點，需要多加接觸大自然。

仔細想想，和大自然漸行漸遠，不正是我們現代人的寫照嗎？舉例而言，不論住家還是職場，絕大多數都是冷暖氣一應俱全的環境，親身體驗炙熱夏季與酷寒冬季的機會已經降到微乎其微。四季的轉移本是自然的基本根源，但現代人的生活，幾乎已無法明顯感受季節的更迭。

處身在這樣的環境之下，或許早上醒來時，也難以感受到自己歸零重新出發了。

在人與自然融為一體生活的過往年代，隨著黎明升起起床，白天辛勤工作，留下勞動的汗水。到了傍晚，結束一天的工作後，拖著疲憊的身軀回家。天黑了就上床睡覺。每天維持同樣的作息，日復一日。

如果依照這樣的生活方式，當人們早晨展開新的一天時，應該會產生可以重新開始，煥然一新的感覺。

當然，身為現代人的我們，除非選擇隱遁生活，才有辦法維持這樣的生活步調。不過，只要盡量找機會接觸自然，哪怕時間不長，應該也能找回歸零重置、重新出發的感覺。

早晨是一天當中，最有季節感的時段。利用這段時間到戶外走走，想必一定能感受到與自然融為一體。

當人與自然融為一體，也才能首度明白：我們原來也是大自然的一份子。這點正是生命的起點。從這個角度來看，養成每天早晨花點時間接觸大自然的習慣，可以讓我們再次回到起點，重新出發。

當人的身心都回到原點，處於全新的狀態時，就有辦法重新振作。我認為這是早晨最重要的工作，也只有在早晨才能做到。如果不利用早晨重新出發，就無法使一天的起始維持在最佳狀態。

想必各位都很清楚，帶著許多前一天尚未完成的工作，拖拖拉拉展開的一天，與重新上好發條，蓄勢待發的一天，根本無法相提並論。請大家務必重視早晨，並加以善用，讓早晨的時間得以發揮最大的效益。

惟有早晨是專屬自己的時間

每個人擁有的時間一樣多，都是一天24個小時。扣掉約8個小時的睡眠時間，大家還有16個小時做事。

那麼，在這16個小時當中，大家可以自由運用的時間有多少呢？

工作時，必須聽從上司的指示或依照公司的方針行事，當然稱不上是可以隨心所欲運用的時間。

工作之餘的時間呢？下班以後的時間，理論上由自己自由分配，但如果和情人或朋友共度，即使關係再親密，還是得花心思顧及別人的感受。例如對方說了什麼話或做了某事讓自己不滿意，也必須加以包容。比如說，自己想吃日本料理，但對方卻選擇了義大利菜，有時便需要遷就對方。即使自己沒心情，卻還是得配合對方，充當心情垃圾桶，聽他大吐苦水⋯⋯

為了顧及別人感受而消耗的時間，是否稱得上是真正的自由時間呢？如果把自由運用的時間定義成「自己可任意運用的時間」，這些情形都不能列入計算。

或許有些人忍不住會質疑「這樣根本沒有可以自由運用的時間嘛⋯⋯」

其實，這樣的時間確實存在。

早晨就是可以自由運用的時間。當然，晚上回家後，也能夠擁有自由獨處的時間，不過很多時候還是難保不被打擾，例如公事上的聯絡或朋友來電等等。

但是早晨就不一樣了。和其他醒著的時段相比，早晨是接到外界聯絡機率最低的時段。**因為不會受到外界的干擾，正是「完全能為自己所用」的最佳時間。**

正如前面所提，這時也是身心皆處於最佳狀態的時候。不論是活動身體、動腦思考或整理思緒，都能夠集中精神，順利執行。雖然晚上也有機會得到自由運用的時間，但和早晨相比，最大的差異在於身心到了晚上已感到幾分倦意。

講到這裡，各位是否能理解，能夠自由運用的時間，是早晨的專利。光是具備這份理解，各位對早晨時光的看法與運用方式，就會出現明顯的改變。

首先，大家應該會轉變原來的態度，開始正視早晨時光的重要性。如果真心覺得時間寶貴，應該會產生「一秒都不可以浪費」的心情，謹慎地運用每分每秒吧。我相信各位在時間的運用上，一定會變得更有效率。這樣的心態，正是提升早晨充實度的第一步。

重視早晨的時間，便可帶動一天的流程，連生活型態也會變得不一樣。這樣的改變，必定會成為扭轉人生的運勢，吸引幸運駐足的重大契機。

希望各位都能盡早踏出這重要的第一步。

在早晨清醒的生命

前面曾經提過，人也是自然的一份子。

大自然依照一定的規律運作，例如四季，就是最典型的例子之一。

春天一到，植物會發芽、開花；到了夏天，會長出濃綠的葉子。葉子到了秋天會變色，到了冬天會掉落，回到大地。

一年四季的遷移，人人都感受得到。不過，季節更迭的規律，到底是誰制定出來的呢？

當然，季節的交替並非人為。能夠決定這條規律的是一股超越人類智慧，讓我們難以望其項背的龐大「力量」。

佛教把這股尊貴的力量稱為**「佛性」**或**「佛」**。換成一般的說法，應該是**「大宇宙的真理（力）」**。萬物，也就是所謂的森羅萬象，都是透過由大宇宙的真理所制定的規律而得到生命。

人類也不例外。和其他的自然萬物別無兩樣，我們的生命也是「被賦予的」。

或許從這一點，可以證實人也是自然的一份子。

一天24個小時、周而復始的循環週期，也是仰賴超乎人類想像的大宇宙真理而維持運作。

自然也忠實地依照這個循環運作。例如象徵夏天的牽牛花，只在早晨開花，絕對不會改變週期在夜晚開花。

放眼自然界中，唯一會脫離此循環週期的，恐怕只有人類吧。

文明的發達與其伴隨而來的便利性急速增加，讓許多人在夜晚繼續活動，而不是停下手邊的事，充分休息。

為了工作通宵熬夜，直到旭日升起才就寢……作息日夜顛倒的人，似乎不在少數。

當然，人的作息必須因應職業的性質和工作環境進行調整，或許有些人是出於無奈，身不由己。

但是，撇開這些例子不談，我認為人最好盡可能按照日夜循環過日子。

雖然不必做到「日出而作，日落而息」的程度，但是無視日夜之別，也無暇「感受早晨」，總是睡到最後一秒鐘才起床，而且連窗也不開，只趕著梳洗換裝便匆匆出門的生活，不論對身體還是精神來說，都稱不上健全。

我相信「種瓜得瓜」的道理。

一年四季當中，不論空氣、風景或風，晨間都是最為清冽動人的時段。

因為，這段時間也是人恢復原本面貌（最自然的自己）的短暫片刻。

我可以向各位保證，這段神清氣爽的時間，絕非其他時段能夠相提並論。

選對方法，1年就能擁有180個小時的自由時間

為了充分運用早晨的時間，「早起」是不可欠缺的條件。

讀到這裡，可能會有人開始皺眉。因為，大多數的人早上寧願多睡一點。

各位如何決定自己的起床時間呢？絕大多數的人，應該都是從出門時間反推回去吧。起床後的例行事項，不外乎洗臉、吃早餐（有的人選擇不吃）、整理儀容、換衣服。把每一項所需的時間加總後，就可以估算出起床時間。

以範例而言，大概就類似：

「盥洗10分鐘、早餐20分鐘、包含化妝的換裝30分鐘，總計1個小時。最晚8點要出門，所以7點要起床。」

大家是不是也如此安排呢？

如果只完成這些非做不可的事情，並不算是「把早晨時間發揮得淋漓盡致」。如果要充分利用早晨，唯一的方法是早起。聽到「早起」可能會讓許多人就此打退堂鼓，不過大家不必擔心，因為不需要提早很多時間起床。只要提早30分鐘就綽綽有餘了。

「30分鐘可以用來做什麼？」

或許不少人會覺得納悶。

這點將在後面詳述；我可以向大家保證，即使只有30分鐘，也足以改變自己，甚至大為提高自己的潛能。

假設我們把這30分鐘，當作思考當天工作流程的準備時間。

因為活用這30分鐘，當你到了辦公室，工作的優先順序與步驟都已經瞭然於心。

「首先和A公司的B先生約好開會的時間，接著收集寫企劃書會用到的資料。然後在下午好好消化這些資料。」

如同上述，當你一在辦公桌前坐下，已經準備就緒，可以進入工作模式了。

這樣一來，就不必像平常一樣，在辦公桌前茫然坐下後，得花上一段時間「暖機」，才總算想起「今天該做什麼事？啊，得先約好開會的時間……」

另外，遇到預定在上午開會的時候，也可以利用早起的30分鐘，事先彙整報告內容，那麼等到實際要在會議上發表意見時，就能夠自信十足地侃侃而談。事前的充分準備，可以讓人免去在毫無準備的情況下，在會議上顯得狼狽不堪，只能向主管討救兵的窘態。

周圍的人對兩者也會出現截然不同的評價。相較於對前者的好評「她不但工作效率高，開會時也很積極發言」，後者得到的評價可能差強人意：「她的工作效率怎麼這麼差？而且在會議上發表意見時，老是抓不到重點……」

早晨的30分鐘，會明顯區分出兩者的差異。

禪宗裡有句話：**「種善因得善果，種惡因得惡果」**。意思是結下好的因緣

（行善）會帶來正面的結果，結下不好的因緣則會帶來負面的結果。充分發揮早晨的30分鐘，也就是把時間運用得更有意義，等於結下最好的「善因」。不僅如此，在揭開一天序幕的早晨結下善因，能產生正面的連鎖反應，帶來一連串的好結果。

每天30分鐘，經年累月下來，1年等於充分運用了180個小時。俗話說「早起的鳥兒有蟲吃」，只要充分利用這30分鐘，所帶來的好處將會出乎意料之外。人生的充實度也會出現天壤之別。

讓身心保持平衡

心靈和身體會牽動彼此，兩者的關係密不可分。例如頭昏腦脹的時候，身體的活動力也會跟著大幅下降；反之，身體疲勞時，心靈、動力、意願或勇氣也會隨之萎靡不振。

有句禪語指的正是這種情況：

「身心一如」

意思是精神和身體本為一體，無法分開。

各位是否也有過這樣的經驗？

例如失戀而意志消沉時，即使有心工作，卻心有餘而力不足，身體根本提不起勁。

相反的，遇到好事而喜上眉梢時，不但感覺身體變得輕盈，連動作也變得利落。

因為身心是支撐生命的兩大要素，彼此會互相影響，關係十分密切。因此，身心必須隨時保持在良好的平衡狀態。維持平衡的關鍵，當然在於掌握早晨時光。

早上明明聽到鬧鐘鈴響，卻心不甘情不願的鑽出被窩。「雖然不想動，但不起床不行了⋯⋯」應該是許多人都有過的經驗吧。

當內心被「好想再繼續睡下去」的念頭佔據時，想法會變得消極、退縮，做起事來也變得有氣無力。連洗臉、吃飯等例行公事也變得拖拖拉拉。

把這種狀態原封不動的帶進辦公室，看到主管和同事時，如果想要精神飽滿的向他們打招呼，無異強人所難。而且，這種毫無生氣的狀態還可能持續一整天，最後草草了事。

相反的，一天的序幕如果是由這樣的早晨揭開……

鬧鐘才一響起，你立刻精神百倍的從床上跳起來，興致高昂地鼓舞自己「今天的天氣真好。我也要好好努力！」注入飽滿活力的身體，也準備展開活動。接著，做個簡單的體操，就能帶動全身的血液循環，讓身心都維持在蓄勢待發的絕佳狀況。

這時，慢吞吞的「拖拖拉拉」狀態，已經轉換為「幹勁十足」狀態了。

如果在職場上，除了能夠主動開口和別人打招呼，工作方面必定也頗有斬獲。

若以運動的術語來形容，早晨的時間相當於暖身。再優秀的運動員，如果沒有做好暖身運動，正式上場時便無法發揮預期的水準。為了在競技中充分發揮原有的實力，首先得確實做好暖身運動。

請回想一下，從前你都怎麼度過早晨這段時間？你有確實利用這段時間，完成暖身嗎？

我想支吾其詞的人應該不在少數。
如果真是如此，請大家發揮「過勿憚改」的精神，立刻改善吧。
請從明天的早晨開始，試著踏出改變的第一步。

第二章

晨活安渡煩惱河

人生的充實度取決於如何度過早晨

每個人的價值觀不同，提到「幸福」的定義為何，每個人的標準自然也都不盡相同。

或許有些人認為，只要經濟上寬裕無虞，就能感覺到幸福；有些人的幸福，來自家人間的溫暖羈絆。

同樣地，有些人的幸福，取決於工作成功與否。

但是，所謂至高無上的幸福，難道不是在人生即將謝幕的最後一刻，能夠發出心滿意足的感嘆「我已經盡全力了，能做的都做了。這一生過得真的很充實。」

充實度不但能豐富心靈，也會帶來滿溢的幸福感。

該怎麼做，才能充實自己的人生呢？

日本曹洞宗的開宗祖師——道元禪師曾說過這麼一段話：

「功德海中，一滴也莫讓。善根山上，一塵亦可積歟。」

上述這段話出自《典座教訓》一書。所謂的典座，意即負責掌廚的執事僧。道元禪師撰寫的便是針對典座所作的開示。

大海原本從一滴水逐漸匯集而成，大山也是從一撮土壤累積而成；兩者都是經由不斷的累積，才造就出雄偉的姿態。

我想禪師所要表達的意思是，小事不偷懶，盡心盡力的完成，才是最重要的關鍵。

各位是否從上述的內容找到了如何充實人生的線索呢？

人的一生看似漫長，但起頭也是從一天開始。

一天一天的累積，交織出人的一生。

為了充實自己的人生，即使「一天」在「一生」中佔的份量不過是一滴水或一撮土，也必須加以珍惜善用。

沒有充實的一天，就沒有充實的人生。

如何在充實感的包圍中劃下尾聲，

關鍵就在於一天的起點──早晨。

有些長距離的競賽，例如馬拉松，必須在跑到一定的距離之前保留幾分實力，以便應付最後的衝刺。這樣的「進退策略」，有時候能成為在比賽勝出的關鍵。**不過，即使人生也是一場長跑，但並不適用這套進退策略。**

如果草草度過早晨時光，等到下午才開始有效率的運用時間，大家是否覺得這樣的一天還能稱得上充實呢？

逝去的時間無法倒流，已經發生的事情不可能重來。無論如何努力，也不可能彌補「草草度過的早晨」。

一天的充實與否，取決於早晨。

請各位想著充實度這3個字，在腦海中描繪度過早晨的方式，並付諸行動。

這樣一來，相信人生的充實度一定會產生明顯的改變。

如何獲得精神上的餘裕？

不論職場或人際關係，想要處理得圓融周到，絕對少不了「游刃有餘」的態度。

工作時若失去這份從容不迫，不只出錯的機率增加，也容易做出錯誤的判斷或抉擇。

人際關係的經營上，如果欠缺從容，有時在和對方溝通時，會無法順利表達自己的想法，除了招致誤解，也可能會惹怒或傷害到對方。

我們應該隨時如此提醒自己，不論面對何事，都應該保有從容不迫的餘裕。

為了保有這份餘裕，需要許多信念作為支撐，其中，成就感和滿足感是兩大重要因素。

圓滿達成任何事情的成就感與伴隨而來的滿足感，會化為自信的養分與來源。

自信與從容不迫的餘裕，兩者關係密不可分。

各位的周遭應該也存在著態度總是從容不迫、氣定神閒的人。這些人最大的共通點，就是充滿自信。

對工作所展現的自信、對自己的生活方式所表現的自信，以及對於身為一個人所展現的氣度上的自信……。我相信這份自信一定會反映在從容不迫、應付有餘的態度上。

他們之所以能夠表現出這樣的自信，我認為是靠著一股「我竟然可以完成這件事」、「我可以克服這樣的考驗」等成就感及滿足感在背後支撐。

成就感（滿足感）↓自信↓餘裕是一般人心態轉變的流程。因此，請各位把獲得成就感當作首要目標。

即使只是小小的成就也沒關係。只要完成該做的事，就能得到最基本的成就感。

趙州從諗是中國唐朝的禪僧，留下了許多著名的公案（古代禪師開悟過程等案例），其中包括**「趙州洗鉢」**。

有位僧人請趙州禪師指點修行上的迷津。以下是當時兩人的對話。

「你吃粥了嗎？」

「是，吃過了。」

「既然吃了，洗鉢去。」

據說禪師此言一出，讓這位修行僧驚訝不已。不過，所謂的問禪，本來就是難以參透的「謎題」。相信很多人聽到這些禪語，都會產生一頭霧水的感覺。

粥既然吃完了，第一件該做的事自然是把鉢洗乾淨。

既是如此，就這麼做吧。**修行的重點並非要做什麼困難的大事，只要把當下應該完成的事情做好就行了。**

大家在家中吃完早餐後，都怎麼處理餐具呢？我相信不少人會拿到流理台，但是趕著出門，所以決定晚上回家再洗。

換句話說，選擇回家再洗的人，等於沒有該做的事情做完就出門了。對某些人而言，這已經成為一種常態，並不是偶一為之。

殊不知，這種「有事沒做完」的感覺，會在心裡留下疙瘩。

例如，「我竟然留下一堆髒碗沒洗」、「回家後還得洗碗呢。累都快累死了」等念頭，可能不時在腦中一閃而過。

如果因為某些事而分心，專注力會下滑，也會失去胸有成竹的餘裕。不論是面對人際關係或處理公事，都無法心無旁騖的全力以赴。

這個原則不僅適用於飯後要馬上洗碗，把握時間在早晨完成自己該做的事也是一樣的道理。

該做的事情全部都做完的成就感，會化為每天顯得游刃有餘的原動力。

「雖然知道該這麼做，但是早上根本沒時間啊…」這種說法，並不能作為理由。稍微早一點起床，問題就迎刃而解了。

禪認為實踐重於一切。運用成就感，可讓自己在待人處事上更游刃有餘。

利用早晨活動身體，展開神清氣爽的一天

日本有一項堪稱傲視全球的「晨間活動」。大家猜得到是什麼嗎？答案是「廣播體操」。在日本，目前仍然有許多企業把廣播體操視為每天的晨間例行活動。

做體操可以同時喚醒身體和精神，許多公司行號都會把它納入朝會的一部分。

這是因為這個活動有助於日本企業從事的精密工作。因為身心都甦醒了，才有辦法進入準備活動（工作）的狀態。藉由舉行朝會，也可以讓所有人同時掌握一整天的工作流程（資訊）。

將資訊公開，讓全體員工都能掌握，對於確保工作的順利進行很重要。例如在工地現場，為了運送建材，卡車出入相當頻繁，無形中也提高了作業的危險性。因此，在確保工安與提升工作效率上，萬全的防備措施與資訊共享便成為最大的關鍵。

在此，我要向各位大力推薦日本這項足以傲視全球的「晨間活動」。即使不做廣播體操也沒關係，總之在早上要活動身體。只要這麼做，接下來的一整天，做起事來會更為輕鬆，也更有幹勁。

推動原本靜止不動的車輪，必須耗費很大的力氣。但是，只要車輪一開始轉動，速度自然會愈轉愈快，而且隨著車輪軌跡的加深，轉動會愈來愈順。剛開始推動的一瞬間，就是轉動的關鍵。

揉著惺忪的睡眼走進辦公室，花了一段時間「開機」，才好不容易打起精神，開始工作。如果按照這樣的步調上班，最起碼上午要花1個小時，甚至更多的時間，才有辦法進入工作模式。

相對的，如果一早起來先做好暖身運動，只要一進辦公室，就能夠馬上火力全開，專心埋首於工作。在精神與體力皆處於最佳狀態的情況下，想必工作的效率也讓人非常滿意。

各位不覺得兩者的差距有如天壤之別嗎？

舉例而言，一到辦公室，立刻接到業務往來的客戶來電。

「明天開會要用的資料，你可以今天先交給我嗎？」

「這樣嗎？嗯…我等一下開始整理，應該下午可以寄出去吧…」

以上是「睡眼惺忪」狀態下的對話。

那麼「火力全開」狀態又會是如何呢。

「沒問題，我已經整理好了。等一下馬上發電子郵件給您。」

相信對方的反應一定會截然不同。哪一方更值得信賴，也不言而喻了。反應慢半拍的動作會降低別人對你的信賴感，快速、不拖泥帶水的工作效率，則會替你加分。

一旦掌握這個事實，請問各位還打算屈服於「好想再多睡幾分鐘」的誘惑嗎，還是終於興起「應該早點起床活動身體」的念頭呢？

有句話說得好：

「改變習慣，個性就會改變。個性改變，命運就會改變。」

這是美國的哲學家兼心理學家威廉・詹姆斯（William James）的名言。習慣造成的人格變化，不論是在工作，還是其他方面，態度上都會截然不同。

養成晨間活動身體的習慣，可以塑造出一個不論面對什麼事，都能輕鬆以對、從容不迫的自己。正如知名學者所言，只要改變原有的習慣，人生就會截然不同。

與其浪費時間半信半疑、猶豫不決，不如馬上身體力行。

對「今天也能早起」心懷感謝

「已經早上了，起床吧。今天也得工作一整天啊……」

起床是拉開一天序幕的第一步，但是才一大早，內心已蒙上一絲憂慮——這應該是許多人的共同寫照。

大家是否想過，「早上起床」所代表的意義呢？

一定有人覺得「起床就起床啊，難道還有什麼意義嗎？」睡飽了醒來，乍看之下是理所當然的事。不過，沒有人能夠預測自己的一生會如何發展，最後又以何種方式離開世界。

例如，大家應該都聽過，向來以健康自豪的人，為了維持健康，雖然養成每天慢跑的習慣，卻在慢跑時心肌梗塞發作，突然撒手人寰。或者，照常就寢，卻在夢中意外病發，就此一睡不醒的案例，也不時在真實生活中上演。

能夠如常在早上醒來，並不是理所當然的事。拜歷代祖先將生命延續之賜，我們才能活在此時此刻。正因生命延續至今，我們才能夠每天在早上起床。

哪怕只有短短幾秒，也請各位務必好好思考這一點。思考過後，對於每天早上能夠起床這件事，是否能抱著一絲「感謝」呢。對「起床」感到憂鬱未免太浪費了，**應該對於早晨心存「感謝」**。

「今天也獲得寶貴的生命，我一定要充分利用，盡可能造福其他人。」

早晨，原本是一段向自己許下「期許與誓約」的時間。

讓生命發揮最大的價值，需要什麼樣的條件呢？

中國唐代的禪僧瑞巖師彥，曾留下這樣的逸談：

據說這位禪師每天都會問自己「我是主人公嗎？」然後自己回答「是！」

主人公這3個字，在禪宗上指的並非故事的主角，而是最原本的自己，也就是真我。

換言之，禪師實際問的是「我是真實的我嗎？」問完以後再回答「是！」禪師接著又自問「我已經完全清醒了嗎？沒有在發呆吧？」然後自己回答「是！」

為了讓生命發揮最大的價值，絕對不能心懷雜念，必須經常保持真實的我，也就是完全清醒的我。

早晨起床，我們除了該對自己能順利清醒心懷感謝，也可以效仿瑞巖禪師，捫心自問「我已經完全清醒了嗎？」

這項「早晨儀式」僅需區區幾秒，但卻會讓你的一天產生明顯的轉變。

隨著自然的節奏生活

春日繁花
夏鳴杜鵑
秋夜明月
冬雪冷冽

這是道元禪師所詠的詩句。

不論時代如何變遷，春夏秋冬，永遠是文人雅士歌詠的對象。我們雖然獨天得厚，坐擁如此豐富的自然資源，但是從現代人的生活，卻不容易感受到這一點。

當然也有例外，譬如從櫻花的花季預報感受到春天的到來；當梅雨季宣布正式結束，等於昭告夏天到來；楓紅情報提醒人們秋天的腳步近了；看到初霜的新聞，同時感受到濃濃的冬意。

換句話說，大部分的現代人，都是透過各種「資訊」，才能感受季節的轉換。連季節感也變成一種虛擬的體驗了。

四季的更迭依照自然永恆不變的律動，周而復始的循環。例如春天開在路旁的三色堇，便是其中一例。還有，彷彿為了把握短暫生命，不停鳴叫的蟬聲，等於是夏天的代名詞。片片落葉不斷堆積，是秋天的特殊景觀。皚皚的白雪，是冬季最優美的風情畫。

我們以五感感受四季。親身感受季節的變化，正是所謂的體感。

能夠持續做到這一點，就能親手掌握自然的律動。

一旦親手掌握自然的律動，我們對事物的看法和感受的方式，也會隨之改變。

例如現在看到原本不放在心上，覺得不足為奇的一小朵花，心中會產生「原來我也置身於春天，和春天一起呼吸呢！」的感觸。

腳踩落葉的同時，也能感受到自己彷彿和秋天融為一體。

更準確的說法是，磨練出更敏銳的感性了。

養成觀察自然的習慣很重要。如果家裡附近就有公園，即使只有10分鐘，不妨在早上花點時間走一趟。

自然不會永遠保持同樣的模樣，而是隨時在改變，所以每次觀察，應該都會有新發現。

「感覺花苞比昨天大了一點。」

「葉片變得更紅了。」

如果培養出這樣的眼光，代表各位已經掌握了自然的律動。

即使居住的環境遠離自然，只要花點心思，例如在室內或陽台種些植物或盆栽，照樣有滿室的綠意可以欣賞。

擁有自然的律動，也就是培養豐富的感性，是活出美感的必備條件。

希望各位也能在早晨為自己空出一段時間。

空檔會為你帶來什麼

在禪的修行中，有一項稱為**「曉天坐禪」**的坐禪，是早晨的日課。
坐禪可以清心，讓情緒穩定下來，含有專注於當日修行的意思。
常常有人這麼問我：「您在坐禪的時候，都想些什麼呢？」
我想坐禪的時候，有人可能在心裡想著佛祖，也可能任憑思緒馳騁，思考自己最後的歸處。
但正確答案是：什麼都不要想。

「只管打坐」

這句話是曹洞宗對坐禪的基本概念。

意思是什麼都不要管，坐著就好了。不要帶著任何目的而坐下來，就是坐禪本身的目的。也就是全神貫注於「坐」這件事。

當然，坐下來的同時，內心會湧出各種念頭與想法。

剛開始修行的時候，我不但覺得腳又麻又痛，也常因為肚子餓而分心（畢竟修行時的飲食都很樸實簡單）。

雖然很想置之不理，但還是很難忽略「腳好痛」、「肚子餓得不得了」的不適感。但是人不能被這種感覺纏住。

如果被纏住了，心思就會被腳痛和空腹感佔據。只要不去想它，這種感覺終究會消失。我們只需讓浮現的思緒自動消失就行了。

也就是「不去想」。

這就是所謂的「無心」。

如果能做到無心，就能留意到平常原本忽略的事物。例如風聲、鳥啼。

這些是讓人神清氣爽的美好事物。若想讓身心沉浸其中，唯一的方法就是好好坐著。

舒服的感覺，會讓人感覺平穩安寧。建議各位可試著在早晨坐禪。

對沒有經驗的人來說，坐禪或許有點難度。

如果覺得難度太高，不如先從**「發呆」**開始吧。

現代人很難拋開隨時都在想事情的習慣。掛念的可能是不安或煩惱、工作上的事、人際關係方面的問題……。什麼也不想，腦中一片空白的時間，應該微乎其微吧。

當然，或許有些人會認為發呆等於是浪費時間，未免太可惜了。

不過，腦子隨時在思考事情，卻也是造成心靈枯竭、疲倦不堪的原因。

為了滋潤心靈，恢復元氣，保持平穩安寧的狀態，預留一段發呆的時間，比什麼都重要。

發呆時讓腦袋放空，隨意看著窗外的風景，或是房間裡的畫、觀葉植物等，都是不錯的選擇。

看什麼都可以，請在展開一天的生活之前，先擁有一段「舒服的發呆時間」，讓心境調整為平穩安寧的狀態吧。

早晨是比夜晚更適合洗滌心靈的時間

每個人原本都擁有純淨無瑕的美麗心靈。

以下這句話出自《華嚴經》：

「一切眾生，皆有佛性。」

這句話的意思是一切的生命都具有成佛的可能性。進一步解釋，就是指所有的生命都可能成佛。佛性和美麗的心靈，幾乎可畫上等號。

可惜事與願違。人只要活著，原本純白無瑕的心靈一定會染上塵埃，出現各種陰霾。這種塵埃與陰霾，就是一般稱之為煩惱、欲望、執著和妄想等思緒。

不斷累積的煩惱會逐漸遮蔽美麗的心靈。我把這種狀態稱為「心靈的代謝症候群」。我想，現代人的「心靈的代謝症候群」已經嚴重到無法忽略的程度了。

特別是身處於現今的社會狀態會對原有的煩惱造成，使得程度愈發惡化。電視和網路等媒體傳播的各種資訊，恐怕也是勾起現代人的執著和欲望的原因之一吧。

「這個產品真是太方便了！」

「這是你必備的品牌！」

「只要掌握這份終極指南，就能賺大錢！」

換言之，各位的心隨時被「想要得到多一點」、「好想要這個」、「我要成為那樣的人」等煩惱佔據。所到之處，皆充滿了誘惑。這可說是現代社會的特徵。

當人在這些誘惑的包圍下度過一整天，想到了晚上，內心仍然難以擺脫執著與欲望。

「好想買白天看到的名牌皮包，明天要不要去買呢？」

「剛好在網路上發現這個東西，感覺一定很有用。明天去下單吧。」

這種「沒有到手就不罷休」的感覺，是不是每個人都曾經體驗呢？

到了隔天，各位抱著從前一天晚上延續到現在的「決心」，如願以償地買了東西。但是，只要買完東西就滿意了嗎？應該沒有那麼簡單吧？

執著和欲望會無限擴展，沒有極限。得到了一樣，還會想要得到另一樣。一旦欲望得到滿足，很快地又會產生新的欲望。惡性循環之下，心靈的代謝症候群只會不斷惡化。

於是，如何利用早晨，顯得格外重要。不妨利用這段可以重新設定的時間，正視自己的欲望和執著。

「就算不買那樣東西，其實也不會造成困擾。」

「那個名牌皮包對我來說，真的是必需品嗎？」

捫心自問後，或許不會馬上就能得出答案，所以要連續問自己3天。如果最後得到的結論是「真的有需要」、「沒有買到會不方便」，就可以買了。

不過，絕大部分得到的答案應該是「稱不上是必要品」、「少了也不會有什麼不方便」吧。由此不難發現，不論是精神上還是物質上，現代人擁有的真的太多了。

為了拋開執著與欲望，選擇在早上與之面對，效果最好。

大家有聽過佛教經典中這兩個字嗎？

「知足」

如同字面上的意思，意思是「知道」要「滿足」。

能夠「對現在生活抱持感謝」、「滿足於現有的一切」的想法過日子，就是知足。

有關知足，釋迦摩尼曾這麼說：

「知道足夠的人，不會感到不平與不滿，心靈永保富足。」

知足的生活方式，不過度擁有的簡樸生活，也是禪的目標。

愈接近這個目標，心靈會愈感到富有。

想要朝這個目標邁進的關鍵在於早晨。請各位務必牢記在心。

如何安排早晨，就如何安排人生

為了讓早晨的時間運用得更有效率，過得更有意義，必須做好按部就班的「安排」。

因為事前做好了安排，所以每一項該做的事都牢記在心，可以按部就班的進行。如此一來，早晨的時間就會運用得更有效率，也更充實。

「接下來該做什麼呢。打掃？準備晚餐的材料？還是……」

如果沒有事先做好安排，時間就在不斷的猶豫中流逝，最後一事無成。

很多人都有被時間追著跑的感覺，原因或許與沒有做好時間的規劃有關。因為運用時間的方式缺乏效率，導致許多時間白白浪費了。

前面介紹過的趙州從諗禪師曾這麼說：

「汝被十二時辰使，老僧使得十二時。」

上述這句話是某位僧人向趙州禪師請教「十二時（意思是一天24小時）中如何用心？」時，禪師做的回答。

意思是「你被時間困住，我則是充分運用了時間。」

被時間困住和充分運用時間有很大的差異，這樣的差異是如何產生的呢？**不論做什麼，能夠使自己成為主體，積極參與就是「運用時間」；如果忘了主體在哪，就是「被時間困住」**。

這裡舉個具體的例子。假設你被交付了某樣工作。

如果你抱持的心態是「我一定要全力以赴，達到自己能夠滿意的標準」，就屬於主體式參與。

如果光是怨嘆「好無趣的工作，只好勉強去做」，表示你已經拋開主體了。

透過以上的例子，各位是否都掌握「被時間困住」和「充分運用時間」的差異所在了呢？

只有把自己當作主體，事情的流程與安排才會成形。

各位在進行某件工作或參與活動時，如果抱著「隨便做做就好」的心態，應該不會花力氣構想流程和步驟吧。

讓我們做個總整理。**能夠擬定做事情的流程與安排，表示你採取的態度是主體式參與，而且能充分運用時間**。

面對任何事，都應該抱著這樣的態度。

為了達到這一點，關鍵在於一日之計的早晨。

把被匆忙的早晨，轉變為「充分運用時間」的早晨。這會直接關係到後面的時間運用，如果做得到，表示你是時間運用的主體。

只要你能夠成為運用時間的主體，表示你也能成為自己人生的主人。

這樣一來除了「把時間運用得淋漓盡致」的充實感，也能感受到滿滿的幸福。

第三章

身體力行！養成早晨整頓身心的禪式習慣

促進身心健康的
早晨活用法
1

10分鐘晨間打掃

起床到出門的這段時間，只要稍有鬆懈，時間一下子就過去了。如同前面所提，晨間是很重要的時間，白白浪費就未免太可惜了。

為了讓大家更有意義地利用這段時間，這邊有個建議，這個建議不只讓大家能夠充分運用早上的時間，也能夠讓一整天，甚至延伸到一整月、一整年、一輩子都會感到幸福。

這個建議就是**「打掃」**。

「早上忙著出門都來不及了，哪裡還有時間打掃？」

絕大多數的人，一定會馬上否定這項提議。這是因為各位對打掃還停留在刻板印象的緣故。

「平日幾乎沒有時間打掃，只能趁周末一次做完」。

大家都是這麼想的吧。

不過，我所建議的並非「大掃除」，而是花個5～10分鐘的簡單打掃。每天早上只要集中一小塊區域，打掃乾淨就可以了。

說得具體一點，每個人的居家生活空間，都可分為幾塊獨立的區塊。除了廚房、浴室之外，寢室、廁所、玄關也是各自獨立的區塊。每個人居住的環境不一樣，所以區塊的劃分可以自行決定，重點是每天早上只要鎖定某一區的一個範圍，動手掃除就好。

例如規定星期一是玄關、星期二是廚房、星期三是洗手間、星期四是浴室……。沒做完的部分，留到假日再做。

一個星期下來，家中的每一個區塊應該都打掃得差不多了。

掃除的重點是一次只掃一個區塊。掃除的方式視區域的需求而異，只要專注於今天決定的區塊就好了。

有句禪語這麼說：

「一行三昧」

三昧在日語中是聚精會神的意思，用於形容工作、遊樂等。一心是全心投入的意思。這句禪語的意思是，把心力徹底投入於某件事（一行）。

各位是否看過禪寺的修行僧正在打掃的樣子呢？有時候從電視節目可以看到他們打掃時的模樣。他們雙手拿著抹布，快速地跪爬擦拭走廊。這正是所謂的掃除三昧。

當你完成掃除，發自內心讚嘆「哇，變得好乾淨！」相信心境也會發生變化，感覺心裡的陰霾一掃而空。

禪裡還有這麼一句話：

「一打掃、二信心」

所謂的信心，正如字面上的意思，意味著信仰佛祖的心。但是，打掃竟然排在信心之前。原因在於，掃除的目的並非單純打掃乾淨，同時也是為了清掃自己內心的塵埃。

藉由打掃來清除內心的塵埃後，內心會感到神清氣爽，似乎連心情也一起整理乾淨了。

把生活空間打掃乾淨，也是整頓內心的大前提。畢竟，在髒亂的環境很難調整情緒。

晨間的打掃，正是整頓內心的作業。

這也是早晨最適合打掃的原因。

促進身心健康的早晨活用法 2

10分鐘坐禪

各位都知道，坐禪是修行的核心。如同我在上一章提過，修行期間的禪僧，從天都還沒亮的時候便開始坐禪（稱為曉天坐禪）是每天的日課。修行僧透過坐禪讓心情平穩下來，趨除雜念，才進入當天的修行。

「只管打坐」

這句話在前面已經提過。意思是只要坐著。這句話是曹洞宗對坐禪的定義，也是坐禪的真髓。

安靜的坐著，可以聽得到原本忽略的「季節之音」。例如風吹過樹梢的沙沙聲、鳥鳴聲、小溪潺潺的水聲……

功力更上一層樓的人，能聽見秋天變色的葉片掉落，甚至也能察覺冬天雪花飄下的聲音。只要內心保持澄靜清明，無入而不自得。

當然，想要達到這種境界的話，必須歷經相當的修行；不過，早上利用10分鐘靜坐，可以讓心靈變得輕鬆無負擔，再展開新的一天。相信對各位的助益很大。

話雖如此，相信有些人一聽到坐禪就會面有難色「坐禪很難吧……」

因此，我想向大家推薦**「椅子坐禪」**。原本的坐禪應該要參加坐禪會，接受禪僧的指導，但是選擇椅子坐禪，也能夠略為體驗坐禪的箇中道理。

「啊、心情暢快多了！」

「感覺到自己平靜下來了。」

我相信每個人都可以體驗到這種感覺。

一開頭也提過，「調身」、「調息」、「調心」是坐禪的三大主軸。

這三大核心的意思是調整姿勢、調整呼吸、調整心靈。這三項彼此唇齒相依，缺一不可。換言之，把姿勢調整好，呼吸就會跟著調整過來。呼吸調整好以後，心靈的狀態也會跟著調整。請各位在早晨導入椅子坐禪之前，先掌握這樣的認知。

具體的做法如下：

①坐在椅子上。坐下的位置距離椅背稍微往前，讓膝蓋保持90度。兩腳張開，與肩膀同寬，挺直背脊。

②雙手手掌朝上，在胸前相疊，左手在右手下。接著像包住雞蛋一樣，讓左右手的大拇指輕輕相碰，再把雙手下移到大腿上。這個姿勢名為「法界定印」。

③用舌尖輕輕頂住上顎，吸一口氣。輕輕閉上嘴巴，再慢慢吐氣。

④左右擺動上半身。這麼做是為了找出身體能夠左右對稱的穩定位置。慢慢地將身體從右往左搖，並漸漸縮小擺動的幅度，決定的位置。

⑤不要把眼睛全部閉起來。半瞇著眼，把視線停留在距離前方約1．5公

尺的地板。

⑥進行腹式呼吸。將注意力集中在丹田（位於肚臍下方約7．5公分的位置），慢慢地把氣從鼻子吐出，直到吐光。把氣完全吐出後，自然會吸進新的空氣，所以不必刻意提醒自己要呼吸。

⑦維持同樣的姿勢呼吸，持續10分鐘。

各位或許一開始不容易掌握到要領，但只要持續一段時間，一定能夠親身體驗心情放輕鬆的感覺。

只要能堅持到那個時候，椅子坐禪必定會成為各位不可或缺的晨間「儀式」了。

促進身心健康的
早晨活用法
3

整理玄關

或許有些人不知道，其實我們日常生活中使用的詞彙當中，有些是源自於佛教和禪宗。

例如「玄關」，就是最具代表性的詞彙。

「玄」是玄妙的空間，也就是含有深奧真理的世界。「關」是進入這個世界的入口。換言之，玄關以往被視為尋求開悟的入口。

我想各位讀者當中，應該有些人曾經走訪禪寺。走到禪寺前，應該會看到寫著「腳下照顧」或「照顧腳下」、「看腳下」的告示板吧。這三種寫法的意思都是「走路小心」，不過後來轉變為「把鞋子排好」的意思。

把這塊板子放在玄關時，所要表達的意思是「再往前走是尋求開悟的路。請把鞋子脫下來排好再進來」。

不僅限於禪寺，把自己脫下來的鞋子併攏，應該是基本常識吧。

另外還有一句禪語的意思也頗值得玩味：

「做現在（當下）應該做的事。」

脫下鞋子後，接著該做什麼呢？當然是把兩隻鞋子併攏。

不單是這個時候，在任何時候、任何場合，都有當下該做的事情。這句禪語所要表達的正是不要拖延該做的事，要立刻執行。

玄關對現代人而言，已成了「家的門面」。就像看到人的外觀，可以想像他的個性一樣，只要看到身為家庭門面的玄關，對於家庭成員的生活情形，也能略知一二。

如果脫在玄關的鞋子亂丟一地，東一隻西一隻，玄關的地板也積滿塵埃……

不難想像住在裡面的人，過著是什麼樣的生活吧？

整頓玄關，是維持整潔的第一步。

整頓的目標是乾淨、俐落。請問各位在動手整理之前，是不是鞋子堆了好幾雙不說，連腳踏車和購物車也佔據了玄關一角呢？

大樓等集合式住宅，受限於空間狹窄，實在情非得已，但即使如此，還是請各位絞盡腦汁，達到「乾淨和俐落」的目標吧。

玄關扮演著早上送我們出門，晚上迎接我們回家的任務。看到整理得有條不紊的玄關，心情也會跟著改變。

不但在出門時，能夠湧出「今天也要好好加油！」的幹勁，回到家時，也會覺得有一股回到安樂窩，受到撫慰的感覺。

只要一週定期打掃一次，玄關就不至於變得太過凌亂，所以出門時，大致看起來還是能夠保持「乾淨和俐落」的要求。

如果空間夠大，不妨放置個小小的架子，擺上一朵花。鮮花能帶來季節感，發揮撫慰或鼓舞人心的效果。

在家招待客人時，在玄關焚香能營造出絕佳的氣氛。點香的時機是在客人快要抵達之前。當客人一打開門，立刻感受到一股沁人的香氣撲鼻而來，想必會又驚又喜。

玄關不僅是出門與進門的通道，也是足以展現主人品味和喜好的空間。保持玄關整潔，也能提升客人對你的印象喔！

促進身心健康的早晨活用法 4

遠離電視

早上要執行的「業務」很多。先刷牙再洗臉，接著上廁所，然後換衣服和化妝。出門前得先吃早餐，當然也不能不看新聞……

要做的事情那麼多，也難怪有人永遠覺得早上的時間不夠用了。

如果因為上述某事項而耽誤時間，便必須十萬火急地離開家門，否則就來不及搭車…這種時候，大家一定對「時間」很敏感，分秒必爭。

這時，電視是不是也成了許多人用來計時的工具了呢？

很多人早上起床第一件事，就是拿起遙控器打開電視。電視會播報新聞還有各種節目，但幾乎沒有人會好好停下來收看。

如果聽到有興趣或重大的新聞，或許有些人會暫停手邊的事專心收看吧。不過大家之所以開著電視，主要目的是方便隨時確認畫面上的時間顯示吧。以電視的時間顯示取代時鐘，只要想到就瞄一眼，立刻可以確認距離出門還有多少時間。

只是或許大家沒想到，這麼一來，早上做的事情會變成都是在「邊做邊看」的情況下完成。不論吃早餐、換衣服、化妝，都是在意識著電視的存在下進行。

「時間這麼趕，同時做兩件事也是不得已的。」

一心兩用，乍看下的確是比較有效率的做法。但果真如此嗎？不曉得各位是否聽過下面這幾句告誡大家不要「一心兩用」的諺語：

「魚與熊掌不可兼得」

「行事不專兩頭空」

同時做兩件事情乍看很有效率，殊不知最後都會半途而廢，一事無成。因為人專心時，只能做一件事情。

舉例而言，如果一邊看電視一邊吃早餐，請問大家能夠品嘗到食物的美味嗎？因為有部分心思被電視佔據，恐怕只是機械式的拿起叉子或筷子，把食物不斷送進口中吧。

有一句這樣的禪語：

「喫茶喫飯」

這句話的意思是，喝茶的時候就專心喝茶，吃飯的時候就專注於吃飯，也就是人要專注於當下的瞬間，完成眼前該做的事。如此一來，可以讓心思專注於手上的這件事。這點不但符合禪的思考，也是禪的基本生存之道。

禪認為我們的一餐飯，經過相近一百個人的雙手勞動後，才送到我們的面前。包括一粒米、一片葉菜，都是經過許多農家、物流業者、零售業者等眾人的努力，才得以讓我們飽餐一頓。

托了一百個人的福才能吃上一頓飯，這絕非誇張的說法。

禪的修行中，在用餐之前必須先唱誦一段偈文，名為《五觀之偈》。

這段偈文的第一句如下：

「計功多少，量彼來處」

這句話的意思是食物得來不易，必須仰賴許多人的共同努力，所以應存一份感謝與惜福之心。帶著感恩的心情用餐時，大家是否還覺得可以「一心兩用」呢？

包括吃早餐在內的晨間例行事項，請大家抱著「喫茶喫飯」的心，一項一項完成吧。這項「一次只做一件事」的原則，也適用於任何事、任何時間。

第一件事，就是早上記得要保持電視「關機」。

促進身心健康的
早晨活用法
5

用心沏茶

如果各位已經實踐了前一項的「遠離電視」，接下來請各位進行第二項新嘗試。

就是**「用心沏茶」**。在早上喝杯咖啡或茶，已成了很多人的習慣。

一般人都習慣購買現成的保特瓶茶飲或罐裝咖啡吧？不少人都會在上班途中，先到咖啡店或便利商店外帶飲料。

沏茶是我每天重要的例行公事之一。我會把用井水沏出來的新茶，獻給本尊和其他佛陀。

「今天早上替各位沏了好喝的茶。」

這既是一種喜悅，也是幸福。

「泡茶不就是把茶葉放進茶壺，再倒熱水進去就好了嗎？」

確實是如此沒錯。

有「茶聖」之稱的千利休曾這麼說：

「須知茶道之本，不過是燒水點茶。」

這個「不過」可不簡單。「不過」這兩個字，平常用來表現的意思是「只有」、「隨性」，但是利休所說的「不過」，意思是「專心一意」、「聚精會神」。這段話真正的含義是，專心地把水煮開，專注地把茶葉放進茶壺，最後算準時間，全身貫注地將熱水注入茶碗。

平心而論，沏茶這一連串的環節當中，重點是把「真摯的心意」注入每一個動作。

茶葉的份量、注入茶壺的熱水溫度、注入茶壺之前必須等待的時間……以上每一個細節，都馬虎不得。當每個環節都如此講究，沏出來的茶，滋味自然格外不同。

接著，用心品味沏好的茶。專心感受茶的風味，同時也能獲得滿足感。**若能做到這一點，就是「與茶融為一體」**。這也可以算是向禪之境界又邁進了一步吧。

順帶一提，以我自己的經驗而言，同樣是用心沏出來的茶，每天的味道都會有些許不同。有時候沏出來的苦味比較強，有時候則喝起來圓潤甘甜。我把茶的味道當作是一種測量身體狀態的「指標」。

「今天的茶味比平常苦，可能是身體狀況變差了。這幾天要特別小心，別讓自己太累……」

「喝起來很甘甜，味道也很順口。看樣子今天身體的狀態很好。可以多做點工作。」

或許大家不能馬上體會茶味的變化，但養成用心沏茶的習慣，我相信有朝一日，各位也能藉由早上的一杯茶，掌握自己的身體狀況。

促進身心健康的
早晨活用法
6

對著鏡子自問自答

各位是否曾經算過，早上起床後照鏡子的次數呢？

一般而言，洗臉、化妝、換衣服，應該是女性最常照鏡子的時候。男性不需要化妝，所以只有在洗臉和換衣服會照鏡子。

大家照鏡子的時候，心裡會想什麼呢？

「我今天的皮膚看起好暗沉喔，很難上妝。」

「我除了會檢查鬍渣有沒有剃乾淨，也要確認亂翹的頭髮弄得服貼了沒，領帶有沒有打歪了。」

不論大家關心的重點是什麼，我想都脫離不了「外表」。

美國的蘋果公司創辦人，也就是已故的史提夫・賈伯斯曾留下許多名言。他在一度戰勝胰臟癌後，受邀至史丹福大學的畢業典禮中演講。以下是他在演講中說的一段話：

「我每天早上都會對著鏡子問自己：『如果今天就是我人生的最後一天，我還會完成今天我想做的事情嗎？』如果我的回答連續好幾天都是『不會』，表示我必須做出某些改變。」

賈伯斯利用鏡子檢視的是自己的內心，也就是「內在層面」。

很多人都會事先安排，計畫「我今天要做什麼」。除非遇到意外，否則大家應該都會依照原定計畫進行吧？

但賈伯斯每天卻會問自己同樣的問題：如果當天就是生命的最後一天，我還會不會依照計畫行事？

賈伯斯這麼做的用意，應該是確認「這是不是真正該做的事」吧。

這點和禪的思考方式如出一轍。禪一直強調人要把握每一瞬間的「現在」，好好活在當下。

想要做到這一點，方法只有一種。

就是把「現在」該做的事確實做好。

只要能這麼做，就不會留下遺憾。就算不知生命何時會結束，也稱得上是確實活用生命了。

賈伯斯身為虔誠的禪宗信徒，是眾所皆知的事。他奉曹洞宗的禪僧・已故的乙川弘文法師為師，把禪心當作生活奉行的準則。

據說他也曾多次低調地參加曹洞宗的大本山——永平寺（位於日本福井縣）的坐禪會。

我想，他的招牌打扮——黑色套頭衫搭配牛仔褲，應該也是禪式生活的表現之一。

各位要不要也效法「賈伯斯流」，在起床後檢視自己的內心？

就像水往低處流，容易流於怠惰，想避免麻煩的事，是人的習性。

養成檢視內心的習慣，是否能遏止這個習性呢？

「雖然我想把剛才那件事延後執行，但這件事應該先完成才對。還是趕快做吧。」

在自問自答之間的話，也能提出轉換心境的關鍵。無論是工作還是私人生活，把握「現在」，就是所謂的「以禪心過生活」。

請大家確認鏡中的自己是否面帶笑容，積極地迎接嶄新的一天吧。

促進身心健康的
早晨活用法
7

「起身」、「出聲」，驅逐睡意

早上起床時，如果能夠精神飽滿的起身，是再好不過的事。可惜，大部分的情況都事與願違。

「如果能再睡一下就好了，再睡5分鐘……」

即使聽到鬧鐘鈴聲大作，身體就是賴在被窩裡不出來，更別說想在寒冷的冬天早起。因為天氣冷，很多人甚至會開始替自己找藉口。

「昨天很晚睡，所以今天才睡得比較晚……」

「最近一直加班很累，應該多讓身體休息。」

但是，以上這些都是歪理。如果一直替自己找藉口，只會愈來愈懶散。唯有聽到鬧鐘鈴響就起床，才能避免拖延。

修行中的修行僧一聽到「振鈴」的鈴聲就知道該起床了。對修行僧來說，馬上起床當然真的很痛苦。但是，即使覺得痛苦，也僅限於起床前的短短一瞬間；只要一起床，痛苦就會立刻消失。順道一提，振鈴一搖起來的音量相當驚人，只要被喚醒了，幾乎不可能，繼續賴床。

一聽到鬧鐘鈴響，就算先抬起上半身，只起床「一半」，也好。如果繼續躺著不動，大多數的人會想要關掉鬧鐘，屈服於「好想再多睡一點」的誘惑。這時，只要把身體的姿勢從「水平」改為「垂直」，拒絕誘惑的難度也會降低許多。

把身體姿勢改為垂直狀態之後，發出短短的一聲。發聲的目的是驅除睡意，想講什麼話都可以。傳統派的可以說「早安」，當作問候自己，也可以說「今天也要好好加油」、「全力衝刺吧」、「你好嗎？」等，沒有特殊限制，只要是能夠振奮精神的話語都可以。

據說，現今鬧鐘的功能也日新月異，甚至附帶會響到主人清醒才停的機能。

這種鬧鐘附帶輪子，能夠移動。當主人企圖關掉鬧鐘時，鬧鐘會自動「逃跑」，不讓主人得逞。而且鬧鐘鈴響時，附帶於鬧鐘本體的螺旋槳會開始轉動亂飛；除非主人抓住螺旋槳並插回鬧鐘，否則鬧鐘的鈴聲不會停止。看來，現在的鬧鐘機能愈來愈多樣化了。

或許這類高機能的鬧鐘確實能發揮效果，但我們真的有必要仰賴鬧鐘到這種地步嗎？與其說使用鬧鐘，不如說我們被鬧鐘控制了。光是追著鬧鐘跑的畫面，對原本應該是清新平和的早晨而言，未免太煞風景了。

我認為，還是立刻起身（抬起上半身），發出聲音，才是最合宜的「起床儀式」。

早上如果一直待在被窩裡賴床，一定會耽誤到後面的行程。與其陷入一整天都被時間追著跑的窘境，還是不要眷戀被窩，立刻振作精神吧。

促進身心健康的

早晨活用法

8

早起深呼吸、曬太陽，為身體注入能量

各位起床後，第一件做的事情是什麼呢？

我想很多人的答案是刷牙、洗臉、上廁所。撇開生理需求的上廁所不談，我建議大家儘量把**「打開所有的窗子」**列入第一件要做的事。

晚上若關了窗，室內的空氣會沉澱。早晨開窗的用意是讓不流通的空氣散到外面，讓外面新鮮的空氣流進來。

即使是都市，早晨的空氣也仍然清新、澄澈。開窗，早晨可以把清新的氣息帶到室內。

有些人可能會因為早上趕時間或覺得麻煩，別說開窗了，連窗簾也沒拉開。但是，只有呼吸早晨新鮮的空氣，身心才會重新甦醒，也才能調整好自己的狀態，迎向新的一天。

無論如何，請大家早日告別密不透風的「穴居」生活。

即使身心都已甦醒，也不應馬上火力全開。

這時，該按部就班一步一步來。首先調整好狀態，再開始慢慢加速，直到顛峰。

舉例而言，歌劇在正式開幕之前都會演出前奏曲。前奏曲的目的是介紹整齣歌劇的情節，帶有暖場的意味。就這個層面而言，**早晨的時間之於一天，就相當於前奏曲。**

我自己早上起來，第一件是就是打開雨戶（防雨板）和窗戶。

除此之外，也將寺中的本堂、庫裏（僧侶的居住之處）的所有門戶和窗子都打開。雖然寺的窗子很多，但在開窗的一瞬間，清新的空氣流入室內，更讓人感受到「今天要開始了」。

開窗之後，接著要走到外面，打開大門。這時，我會做一個深呼吸。將早晨清新的空氣一口氣吸飽，吐出。

再沒有其他事物，能比得上早晨的空氣所呈現的季節感。

春天時，植物嫩芽的香氣會隨著微風傳送而來；到了夏天，映入眼簾的是濃密的綠意，能夠為身體注入一股激勵之氣。在秋天清爽涼風的吹拂下，人也變得心曠神怡；冬天的寒風則讓人的精神為之一振。

當然，大家的生活環境和寺廟不一樣，但即使如此，早上還是可以走到庭院或陽台，作個深呼吸。除了吸入氧氣，深呼吸也具備排出身體內穢氣的功能。

深呼吸3～5次後，能否感受到身體被淨化了呢？

在早上曬太陽也很重要。日光是能量的來源，即使曬太陽的時間只有短短

5分鐘，也能替身體注入能量。

身為現代人，幾乎不可能與壓力無緣。據說，造成壓力纏身的原因之一，是血清素的分泌量不足。血清素是一種在腦中製造的神經傳導物質，能使人感到輕鬆。若想增加血清素的分泌量，曬太陽是最有效的方法。

做個深呼吸，曬太陽。

這方法雖然非常簡單，卻也是我在早晨的例行公事之一。

促進身心健康的
早晨活用法
9

傾聽自然的聲音

前面我已經向大家建議，一早起來不要打開電視。這時，或許有些人會遇到以下問題：

「我是很想力行早上不要打開電視啦，可是家裡變得靜悄悄的，反而讓我靜不下心來……」

已經習慣一起床就立刻打開電視的人，或許會產生這種感覺。如果住在隔音性強的高層大廈，等於「與世隔絕」，完全聽不到外面的聲音。或許有些人不知道，人在完全聽不到聲音的情況下，其實會感到不安。

如果有這方面的困擾，那就改成播放「音樂」吧。

「原來可以改放自己喜歡的音樂啊。可是，如果放了自己喜歡的爵士樂，可能會聽到入迷，反而沒辦法『集中』精神吃早餐。」

這樣的顧慮不是沒有道理。聽到喜歡的音樂，的確很可能讓人忘了手邊正在做的事情，甚至忘情到跟著哼唱。想當然爾，專注力當然也跟著下降了。

重點是選擇的音樂種類。

第一要悅耳，但是又不會妨礙手邊的工作。這種音樂最適合早晨聆聽。

大家知道有一種音樂叫做「自然音樂」嗎？

如同字面上的意思，這類音樂以自然為元素，包括潺潺的溪流聲、波濤聲、鳥叫聲、蟲鳴聲、徐徐而過的風聲、雨聲等。

自然的聲音聽起來柔和舒暢，能撫慰身心，讓人放鬆。

因為人原本也是自然的一份子，會有如此反應，也是理所當然吧。

以下為大家介紹一句說明自然與人類之間的關係的禪語：

「獨坐大雄峰」

這句話出自唐代的中國禪僧，百丈懷海禪師。這是某位僧人向他請教「世上最獨特尊貴的事物為何」時，他所做的回答。這句話的意思是，在峰峰相連的大自然中，能夠獲得寶貴的生命，堅如磐石地坐在這裡，就是最獨特尊貴的事。

百丈禪師坐得巋然不動的姿態，正是他與自然已融為一體的最佳證明。不用說，環繞在他身邊的當然是風聲、鳥鳴。

和自然化為一體時，人可以說是處於最為放鬆、舒服的狀態，也能獲得療癒感。我認為這時也能夠親身體會百丈禪師所說，珍惜寶貴生命，認真生活的尊貴之處。

順帶一提，道元禪師曾留下這樣的和歌：

「峰之色　谷之響　眾所皆為釋迦牟尼的聲音與姿態」

釋迦牟尼是距今約二千五百年前，在印度開創佛教的佛祖。這裡所謂的峰之色、谷之響，指的是自然的風景與聲音。這首和歌的意思是，自然的一切都是佛祖的姿態和聲音。

換言之，早晨如果充滿自然的聲音，也等於被佛祖的聲音所環繞。換個比較正式的說法，等於聞佛說法。

能夠擁有這樣的早晨時光，難道不覺得難能可貴嗎？

請先透過自然的聲音消除身心的壓力，並且在這可貴的「聲音」撫慰下，再踏出下一步吧。

促進身心健康的
早晨活用法
10

替房間的綠色植物澆水

住家是獨門獨棟的人自然不用說，即使是住在公寓大廈，在陽台擺上花盆或盆栽，熱衷於栽培植物或種植蔬菜的人也不在少數。

綠意是自然的象徵。和自然共同生存，在佛教稱為**「共生」**，栽培植物也是實踐共生的方式之一。

即使已經在陽台種了一些植物，想不想更進一步擴大被綠意包圍的範圍呢？只要在房間放幾盆花盆或盆栽就可以了。這麼一來，陽台和室內的自然環境便會連成一氣，產生內外合一的整體感。戶外的自然引進室內後，共生的感覺就會變得更明顯。

照料室內植物的工作，最好在早晨進行。說是照料，不過是澆水、在葉片上噴點水、摘除枯葉等簡單工作，只需短短幾分鐘就能完成。

即使只有短短幾分鐘，接觸自然的這段時間卻是彌足珍貴。不論花開花謝、葉子變色或結果，都反映出生命的流轉。

「諸行無常」

這是佛教的基本思想。意思是世間的一切瞬息萬變，一刻也不會停留。如果每天早晨花一點時間接觸自然，更能深切體會。

「啊、花開了！昨天晚上還只是花苞而已呢。為了開花，它一定很努力吧。真是太感動了。」

這股感動會成為注入心靈的能量，並在心中激發出「今天也要努力」的念頭。

除此之外，我也建議大家在陽台或院子裡栽種蔬菜和香草。

這麼一來，也能享受到收成的樂趣。例如，看到小番茄的顏色轉紅，心裡便暗自盤算「這些小番茄明天可以摘了做成沙拉」。加了現摘番茄的沙拉，想必能讓早餐升級，吃起來也更美味吧。

香草可以用來烹調在料理，製作成每天早上飲用的香草茶，也非常適合。既然是手沖的香草茶，自然也要「用心沖泡」。

休假或有閒暇的時候，建議各位不妨試試製作乾燥花包。只要透過網路或書籍，就能輕鬆掌握做法。光是讓室內散發著若有似無的清香，心情就能變得更平穩，內在也更加充實。當有客人來訪時，把乾燥花包放在玄關，更是最好的迎賓禮。

只要利用短短幾分鐘，養成在早晨化身為「綠手指」的習慣，生活中的樂趣也會倍增許多。

促進身心健康的早晨活用法 11

晨起寫字，修養身心

隨著科技的數位化，大家提筆寫字的機會也愈來愈少了。提到「寫文章」，每個人馬上想到的，應該都是電腦的鍵盤吧？用鍵盤打字確實比用手書寫方便，但不容否認的是，隨著鍵盤打字的普及，書寫的表達能力，尤其是對字彙的理解和使用能力都大幅下降了。大家應該都曾有過這樣的經驗：即使只是很簡單的國字，要寫的時候卻偏偏想不起來。我認為大家必須正視這個問題，刻不容緩。

因此，建議大家養成寫文章的習慣。不過，對分秒必爭的商務人士而言，恐怕是知易行難。

不過，如果利用早晨，多少可以抽出一點時間吧。只要早點起床爭取時間，加上日積月累的練習，必能所所進步吧。

「想到一早起來就得動腦筋寫文章，就覺得提不起勁。」

請大家先別擔心，我並不是要大家寫作文。

不是寫作文的話，要寫些什麼呢？我向大家推薦的選項之一是抄寫新聞的專欄。例如《天聲人語》（日本朝日新聞的時事專欄），字數以600字左右為宜，不會花太多時間。

順便再補充一點，從市面上也買得到抄經字帖。如果不想購買，使用現有的筆記本或便條紙也可以。

經過千錘百鍊的文字工作者，寫出來的文章自然精煉、成熟；不但能使用豐富的詞彙，用字遣詞也很正確。每天抄寫這樣的文章，長時間下來，自己寫文章的能力也會跟著進步。

每間報社都有自己的時事專欄，只要找自己習慣收看的專欄當作範本就行了。另外，在這個訂報人口愈來愈少的年代，選一本自己喜歡的書，抄寫其中的一段也可以。

抄寫的成果，必定能從寫信等表達意見的機會逐漸展現。收到信的人，一定會感到驚訝「這個人文筆真好！收到這種信，讓人看了心情都好了起來」。能寫出一手好文章的人，在其他人眼中，也充滿了魅力。

如果早上行有餘力，我建議大家務必試試**「抄經」**。

事實上，聽說早上起來抄經的人不在少數。其中又以女性為多。

我建議抄寫的佛經是《般若心經》。連同經題在內，共有兩百七十六字；如果只算本文，僅有兩百六十六字。所謂抄經，就是拿著毛筆描寫，所以每個人都可以立刻上手。即使慢慢抄寫，也只需要20～30分鐘。如果是一般速度，大概15分鐘就綽綽有餘了。

順帶一提，在禪寺進行的正式抄經，講究的細節很多，連墨汁也要自己磨好。而且不是描寫，而是看著範本臨摹，所以大約需要一～一個半小時。

我認為，如果想要讓心情平靜下來，找不到比抄經更有效的方法了；在抄完經文後，順便記錄自己的心情，也是另一種樂趣。另外，把抄下來的經文保存下來，日後回顧，等於是另類的「心靈日記」。

「啊、原來那個時候我的願望是這件事啊。現在實現了嗎？」

重溫心靈日記的同時，也能順便自我省視。

我想這一定會成為各位日後的「精神食糧」。

促進身心健康的
早晨活用法
12

養成合掌的習慣

不曉得現在還有多少人在家裡供奉佛壇呢？日本從前幾乎家家戶戶都有佛壇，看到大人合掌的動作，小孩子也會跟著有樣學樣，每天早上在佛壇前雙手合十。

原因是什麼呢？因為孩子們清楚的感覺到，就算不知道明確的理由，但是透過觀察大人們的樣子，便能充分意識到這件事的重要性；隨著年紀增長，他們也會了解在佛壇前雙手合十，是一種對祖先表示敬意，並致上感謝的「動作」。

因為祖先，才有現在的自己。從雙親、祖父母一路追溯回去十代，可回溯到一千名以上的先人，20歲世代則可追溯到一百萬名以上的先人。只要缺少其中的一人，就不會有今天的自己。

多虧生生不息、代代相傳的生命傳承，自己才能獲得寶貴的生命。現代的人，似乎已經完全忘記這件事了。現今社會中「我是自己生命的所有者」、「我可以靠自己的力量活下去」的想法正不斷蔓延。佛壇逐漸從家庭絕跡，大家也不再合掌，應該和這股風潮脫不了關係吧。

「合掌」是日本自古以來的風俗，也是根深蒂固的文化。「恢復日本的榮光」是安倍晉三再度執政時的口號；我認為**「合掌」**正是日本現在應該重拾的精神。

每天早上在佛壇前雙手合十，隨時向祖先們表達感謝的心情，就是感恩的「起點」。

但是，如同前面所提，沒有供奉佛壇的家庭愈來愈多，已是不爭的事實。獨自在外生活的人，家裡供奉佛壇的比例應該微乎極微吧。

以我個人的希望而言，我當然樂見家家都供有佛壇，但從現狀看來，似乎不是一朝一夕可達成的目標。

不過，在與現實仍有落差的情況下，大家還是有替代方案可以選擇。各位可以在房間找個地方，把挑選好的祖父母或父母的照片，或者是從神社或寺廟拿回來的神札（護符）安放在那裡，隨時保持整齊乾淨，對著照片或護符合掌。

下面這句是我非常想和大家分享的禪語，非常短。

「露」

意思是毫無隱瞞，最自然、最原本的樣子。如同「男人（現在女性也一樣）一出門，就會遇到7個敵人」這句諺語，只要踏出家門，就得面對社會的競爭，即使不至於如此，至少也必須轉換為「戰鬥模式」，才能保住自己的社會地位、職位和立場。

為了保護自己，有時我們需要虛張聲勢，或者咬緊牙根拼命忍耐。不論是哪一種情況，都不允許顯露出真實的自我。

但是，當我們站在祖先（或其他類似事物）面前，則不再有地位、職位和立場上的顧慮，可以盡情展現真實的自我。

換言之，就是「做自己」。

能夠盡情展現出真實自我的地方，應該可以當作生命的支柱。只要在這裡，就能夠合掌，向祖先祈求「謝謝您平日對我的照顧。請保佑我今天也過得平安順利」，或者向祖先報告「今天我想做什麼事情」。

其實，各位也可以把這段時間當作自我回顧的時間。養成每天早上合掌的習慣，不再擔心會迷失自我。

第四章

改變人生的晨活禪

「早餐」

用心做早餐

「每天都有好好吃早餐嗎？」

聽到這個問題，能夠馬上回答「YES」的人有多少呢？

雖然是比較舊的統計資料，不過根據日本厚生勞動省在二〇〇七年進行的調查，30幾歲的男性不吃早餐的比例超過30%，20幾歲的女性也有將近25%。

我想，這份統計數據公布後，「不吃早餐」的傾向恐怕只會有增無減。

然而，飲食是生命的能量來源。

確實攝取三餐，對生命是一種體貼，也是尊重。當然，我本身也每天都會吃早餐。我的早餐基本菜單色包括白飯、味噌湯、煎蛋、佃煮（味道鹹甜的日式滷菜）、梅干、醬菜……。早餐吃點當季的水果也很不錯。如果要吃水分多的水果，早上比晚上合適，也比較不會吃壞肚子。

順帶一提，禪僧在修行期間的早餐是粥。配料是比例為1：1的芝麻鹽。作法是先炒過再稍微磨碎。用磨碎的芝麻鹽配粥，吃起來非常美味。盛粥的容器是一種名為應量器的漆器；芝麻的濃郁香氣和漆器隱約的芳香相輔相成，散發出一股獨特的風味。

我覺得這道粥在維持健康方面，發揮了絕大的效用。第一，我從沒聽過有修行僧在修行期間吃壞肚子。我甚至覺得，都是仰賴「粥力」才能度過辛苦的修行期。

所以，我很建議大家一個星期吃一、兩次的粥，尤其是女性。

以我本身修行的經驗而言，早餐常常吃粥，能讓皮膚的顏色變白。雖然我認為吃素齋也是一部份的原因，不過，讓皮膚變白的最大功臣是粥。一開始修行的修行僧，即使本身的膚色較黑，一年半載下來，也會轉變為晶瑩剔透的雪白肌膚。

請大家以後在早餐多吃粥吧。

不過，請各位遵守一項原則，就是親手煮粥。

「什麼？一早就要煮飯？」

我不難想像各位大驚失色的表情，但是早上煮粥其實一點也不麻煩。

在前一天晚上先把洗好的米加入砂鍋，再加水，第二天起床後，只要打開瓦斯爐就行了。只需簡單的幾個步驟，就能親手煮好一鍋熱騰騰的粥。有些電鍋甚至也附帶煮粥的功能，不妨多加利用。

重點是享用自己「用心」煮好的早餐。

相較於買來的現成品，自己動手做的早餐吃起來滋味格外不同。吃的時候會更用心品嘗，也會產生一股感謝的心情。

所以，「我開動了」、「我吃飽了」這兩句話也能更容易脫口而出。

請各位想像在早晨能擁有這樣的時光，不覺得既平穩又安適？和匆匆咬兩口麵包，再趕緊把咖啡杯往水槽一放的情景截然不同吧。

另外，我再向大家提出一項建議。早餐吃粥的日子，不要吃動物性蛋白質，只吃蔬菜就好。

換句話說，我們可以把吃粥的日子當作「排毒」日。肉食比例過高的飲食不但會提高患病的風險，據說也會讓脾氣變得暴躁。

排毒對保持心情平靜，也能發揮明顯的效果。

「散步」

走出戶外，感受每一天

透過前面的章節，我已經和各位說明在早晨活動身體的重要性，以及接觸自然的意義。**「散步」**，正好兼具這兩種要素。

散步的原則是按照自己的步調慢慢走，距離的長短不要超過自己的負荷。這樣的散步能喚醒頭腦和身體，肌膚也感受得到季節的變化。

姑且不提代代世居於同一地區的人，如果是出社會後才搬家的人，對自己住家的周邊環境感到陌生的比例，其實比想像中高得多。為了掌握住家的周邊環境，散步是最好的方法。一趟散步下來，必定會有些新發現。

「這裡居然有一間這麼早就開始營業的麵包店呢。」

「這個公園好漂亮，花圃也整理得很美。」

這樣的新發現會讓心情雀躍不已，連散步的樂趣也跟著倍增。若熟悉自己住的環境，生活上也會變得更踏實與安心。

散步的重點是「輕鬆」。如果把它視為每天早上都得執行的義務，心裡就會有負擔，開始覺得有壓力。希望大家輕鬆以待，遇到下雨或沒有興致出去散步的時候，休息一天也無妨。

很多人都大力讚揚散步的好處。容我再為大家介紹幾種。

「散步是最好的解藥。踩著帶有律動感的步伐，讓腦中有如蜘蛛網糾結的煩惱，通通一掃而空」（安・威爾森・傑夫／美國精神科醫師）

「散步能把煩惱忘得一乾二淨。感覺煩惱像是長了翅膀，自己飛走了」（戴爾・卡內基／美國人際關係學大師）

「感受到愛的幸福瞬間、清風拂面的樂趣、在明亮的早晨出外散步，大口吸進新鮮的空氣。有誰能說這些事物沒有不惜克服人生所有困境與付出所有努

力，也要牢牢掌握的價值呢？」一（埃里希・弗洛姆／美國哲學家、社會心理學者）

散步不只能夠化解內心的疙瘩，甚至可以讓人生出坦然面對困境並努力克服的勇氣。這點正是幾位人生前輩所要表達的意思。

以禪的思維而言，為了實實在在的活出每一天，散步具有相當大的效果。

大家是否有過這樣的感覺呢？

「今天又過了，感覺和昨天大同小異。這種了無變化的日子要持續到什麼時候呢？」

毫無變化的日子讓人感到沉悶無趣。但其實我們的過的日子沒有一天是重複的。**每一天都和其他日子完全不一樣。每一天灑落的陽光、吹的風、流動的雲朵都不一樣，也有會不會下雨或割風的差別。能夠在當天感受到的，是人生中僅有一次的體驗。**

匆忙出門趕公車或捷運，到了辦公大樓林立的商業區工作一整天，再沿著同樣的路線回到家。這樣的生活型態，是否能讓人感覺得到「這一天」是無可取代、無法重新再來的獨特性呢？

答案是沒辦法。如果過的是這樣的日子，只會讓人覺得每天千篇一律。

但是，**縱使時間不長，只要養成每天早上散步的習慣，就可以感受到當天的光線、風和雲。**

「今天的陽光比昨天柔和。」

「今天的風吹起來好舒服。被風這麼一吹，整個人都覺得開心起來了。」

走著走著，這樣的思緒會湧上心頭。

所謂確實感受到活在當天，就是這樣的感覺。

如果是這樣的日子，就稱不上「千篇一律」，而是獨一無二的。

最後，請讓我引用前輩的話，為本篇畫下句點。

「出去走走吧。」（戴爾．卡內基）

「問候」

主動和不認識的人打招呼

我平常每天早上都4點半起床。寺廟開門的時間差不多是5點15分到5點30分。

開門的時候，我總是會遇到「早晨的熟面孔」。雖然大家各忙各的，例如有些人在慢跑，有些人在健行，也有人帶著狗兒或獨自散步，不過到了固定的時間，某些人一定會經過寺門。

這些人有男有女，年齡層也有落差。有些是貌似悠閒度日的銀髮族，也有看起來正在為工作打拼的青壯年。

不論見到什麼人，我都會出聲問候「早安」，對方也會回禮。

我已不記得這項只有短短幾秒鐘的晨間「例行公事」是從什麼時候開始的，但總是讓我感到一股暖流。

若稱之為心靈的交流，或許太過小題大作，不過我確實有這樣的感覺。**或許原因在於打招呼是「心靈交流的起點」吧。**

我在前一章建議大家在早上多散步。從下次散步開始，大家不妨主動和擦身而過的人開口打招呼。

聽到有人主動向自己打招呼，相信沒有人會露出不耐之色。對方通常也會面帶微笑的回禮。不用我說，對方的笑容也會瞬間溫暖我們的心。

有一句禪語這麼說：

「和顏」

意思是臉上帶著和悅笑容的表情。

佛教中有所謂的**「無財七施」**。

意思是不需要耗費財力，也不必習得任何知識，任何人都可以給予別人的布施。其中之一是「和顏施」，也就是面帶和善的笑容接待對方。

聽說最近不打招呼，或應該說不懂得如何正確打招呼的年輕人愈來愈多了。

就像「親子關係，有如朋友」這句話所象徵的，家庭內的親子關係已經改變，逐漸失去互相打招呼的習慣，在外面不懂得如何打招呼的孩子也增加了。

正因為時代有這樣的趨勢，我們才更有必要重新檢討如何打招呼，以免錯失「心靈交流的起點」。

我認為早晨的散步，無疑是最適合製造機會的時候。

如果能夠連對素昧平生的人，也能主動開口打招呼，這樣的人應該是無論何時何地，對任何人都不忘打招呼的人。說得更進一步，這樣的人或許能夠成為替別人著想、願意敞開心房的人。

話說回來，不曉得大家知道「挨拶（aisatsu，日文打招呼之意）」原本也是禪的語言嗎？「挨」是勇往直前，「拶」是切入的意思。

後來，「挨拶（一挨一拶）」成為從兩位禪僧的言語互動，藉由觀察對方的反應，彼此看透從修行得到的力量。

從這個意義而言，打招呼也算是禪的實踐。

換言之，也是最符合禪的生活方式。

「收拾」

立刻收拾，不要拖延

不論工作還是其他方面，有些明明非做不可的事情，卻老是讓人遲遲不付諸行動。原因是什麼？

最大的原因在於「累積」。

事情愈積愈多，心裡就會感到厭煩，提不起勁動手去做。這是人之常情。

說到早上「能拖就拖」的事，我第一個想到的是飯後的碗盤清洗。吃完了早餐，很多人都直接把碗盤往水槽一放，而不是隨手洗好。就這樣，一天拖過一天，待洗的碗盤在水槽裡愈堆愈高，讓人一看就煩，於是繼續視而不見。

但是，是否也該調整原本的用餐習慣呢？

吃完飯，把用過的餐具和調理器具清洗乾淨、歸位。除了用餐本身，也把清洗納入「吃飯」的一部分。

想必各位都曾經體會過鍋子放了一陣子才洗，結果怎麼刷都刷不乾淨的經驗吧？用完的鍋子如果馬上清洗，洗起來一點也不費力。這或許只是瑣碎的小事，但馬上清洗器具的話，能夠節省不少水和清潔劑的用量，更為經濟。

在碗盤收拾和清洗的流程中，特別重要的一項是「歸位」。

在禪的修行中，「掃除」是每天早上必做的實務。當然也包括擦拭走廊地板和打掃庭院。但是，光完成了這兩項，掃除還不算是大功告成。最後，還要把抹布、掃把等掃除道具歸回原位。做好之後，才算完成掃除。

修行時所使用的掃除用具都是眾人共用，所以要是隨便擺在其他地方，下一個使用者就得特地去找。隨時放在固定位置，也就是用完了就歸回原位，是方便每個人從事勞動的必備條件。

在各位的日常生活當中，如果東西隨時都放在固定的位置，除了使用上很方便，生活壓力也會減輕不少。我想大家都曾經有過這樣的經驗：想打開電視或冷氣機的時候，卻遍尋不著遙控器「奇怪，到底放哪去了」。東西用了不收、隨手亂扔，不但造成生活不便，也會浪費許多寶貴的時間。

東西用完了，立刻歸回原位。我把這個動作稱為「為東西找個住所」。養成這個習慣很重要，首先就從吃完早餐立刻洗碗開始力行吧。

有句話說：**「所有的東西要出現在應該出現的地方」**。

這句話原本的用意是歌詠自然的重要性與珍貴，不過東西原本放在哪裡，應該也要隨時歸位。如果能養成這樣的習慣，東西就不會隨處亂放，居家的空間也不會顯得凌亂。如此一來，生活的美感也增加了。

養成立刻收拾的習慣，不管面對任何事情，處理的能力也會變得更強。例如常出差的商務人士會囤積很多收據，很多人大概一個月才會全部拿出來申請報帳。一口氣要填寫一個月份的單據，不是挺辛苦的嗎？

「那些收據被我收到哪裡去了？要是沒辦法報帳就麻煩了⋯⋯」

拖了一段時間才處理，這種情形確實有可能發生。但是，一旦養成「不要愈積愈多」、「立刻處理」的習慣，事情應該一下子就可以處理好了。不論是回覆電子郵件、寄送資料或書信都一樣。

一個人的行為舉止和行動，深受習慣的影響，人們也總是依照習慣行事。吃完早餐後，老是把碗留到後來才洗的人，在工作上多半也不會表現得很有效率。

「不要愈積愈多」、「立刻處理」就從早起開始實踐。

「禪語」

晨起朗讀禪語

我想有幾句耳熟能詳的禪語大家都有聽過。

例如「以心傳心」。

意思是，想法不是靠言語，而是以慧心傳授。這句話出現在日常生活的頻率很高。

另外，還有一句知名度略遜於以心傳心，但也是廣為人知的禪語。

「一期一會」

這句話與其說是禪語，說得精準一點，其實是從茶道的世界衍生而來。由於禪和茶道的關係原本就密不可分，將之視為蘊藏禪心也不為過。

一期一會的意思是，人生中每一次與人事物的邂逅，都是一生中僅有一次的機緣，不會再有第二次。既然如此，我們應該把握當下，以最大的誠意看待對方。

禪語在禪的悠久歷史中，是祖師們（歷代的高僧、名僧）以他們從體驗中得到的生命智慧為本，所濃縮而成的短語。禪語不僅傳達禪的教悔，也提示了走向開悟之道的方向，對修行之人而言，更是支撐生命的支柱。

早晨是接觸禪語的大好時機。**我建議各位把唸禪語當作每天的晨間活動。**出聲唸出禪語，每一句唸5次。

重點是唸出聲。

如果只有默誦，內容只會從眼睛進入，但如果唸出聲，除了眼睛，還會從耳朵進入，有助於記憶。

開創日本真言宗的弘法大師，空海和尚曾這麼說：

「出聲唸真言，便能得到真言加持。」

所謂的真言，意即「真實的語言」。如果不要想得太深入，把它當作有如咒語般的簡短經文即可。

空海和尚告訴我們，只要「說出」真言，就能受到真言保護。並不是「默誦」。相信大家都可以了解關鍵是要發出聲音。

目前在市面上可以找到很多有關禪語的書籍，我建議大家不妨選購一本，每天早晨翻開讀出聲。

具體作法是把一頁的每一句禪語唸5次，細細品味禪語的內容，並將此作為一天的準則。

假設打開的書頁，上面寫著這句禪語：

「日日是好日」

這句禪語的意思是，每天都可能是好日子，會有快樂的事情發生，但相反的，也可能會遇到難受或辛苦的事情。但是，並不是只有好事、快樂的事發生才是好日子。即使遇到了困難或心酸的事，卻也是只有自己能夠體會的重大人生體驗。既然如此，天天（無論什麼樣的日子）都是好日（無可取代的日子）。

唸過5次以後，把這句禪語放進心裡，當作一整天的行事準則。如此一來，即使在工作上或人際關係方面遇到不順心的事，也能夠自我釋懷「雖然好像快要撐不下去了，可是我不能就此放棄。挫折對人生而言也是重要的體驗。既然如此，我只能坦然承受。」

把禪語當作心靈的支柱，心態就能有所轉變，能夠坦然接受艱難的境遇，化為對人生有益的正面經驗。

「莫妄想」

如果打開的那一頁，出現這句禪語，又是什麼意思呢？莫妄想的意思是要人勿起妄想。

最不可取的妄想是念念不忘無法重來的過去，永遠心存悔恨，以及對未來抱著不安。

但是，如果把這句禪語當作心靈的支柱，心裡就會變得很篤定「那個時候如果那麼做……這些都是妄想。重要的是現在。總之，今天要全力以赴。」

以禪語做早課。沒有任何秘訣，只要實踐就對了。

「整理」

整頓房間，整頓內心

出門前的檢查完成後，意味著早晨時間也進入尾聲。請各位記得確認用完的東西是否都已歸位，有沒有東西亂放或沒有收拾好。

日本的電車駛離月台前，為了確保行車安全，站員一定會不厭其煩的重複警告，以手勢確認號誌、儀表的顯示是否正確。或許會有人覺得多此一舉，不過這個畫面大家應該都不陌生吧？

不過，這套在日文中稱為「指差確認」的動作，是日本鐵路系統的幕後功臣。即使是基本的小細節也不疏忽，用心執行。不論做什麼事，能夠秉持這樣的原則最重要。

小事不做，大事難成。請各位也把這套指差確認導入日常生活當中吧。

我因為經常有「禪式庭園」的設計、庭園的造景、演講等工作，經常需要出國。每次當我要從飯店退房時，我的例行公事就是這一套指差確認。我會進行兩次確認，確認浴室、衣櫃、床、保險箱、垃圾桶都整理整齊，才會安心退房。

如此一來，自然做到了「好來不如好去」。

離開家門之前進行最後確認時，如果發現了「有問題的地方」，立刻動手整理。例如雜誌散落在沙發上、廚房的椅子沒有推回原處、窗簾拉開到一半、觀葉植物的盆栽擺得東倒西歪等，只要看到不滿意的地方就動手去做，不要視而不見。

「不用在意這些小細節吧？」

各位會這麼想嗎？

我很喜歡引用曹洞宗大本山永平寺的住持宮崎奕保禪師說過的一段話：

「把（脫下來的）拖鞋併攏放好，不是天經地義的事嗎？拖鞋不能放得歪歪斜斜，也不可以東一腳西一腳。拖鞋放得歪，表示人也歪了。如果自己是歪的，就沒辦法把歪的部分矯正過來。所以看一個人怎麼放東西，可以知道他的心是筆直的，還是雜亂不堪。如果心是筆直的，所有的東西都會放得很整齊。」

宮崎禪師在平成20年1月5日以一〇八歲高齡辭世；他即使在年滿百歲之後，每天還是和年輕的修行僧們一起修行。

宮崎禪師還說過：「我沒有在修行，只是在做該做的事。除了這些，就沒有其他要做的事。」各位是否能體會禪師這段話的箇中道理呢？

雜誌隨意亂放、椅子七零八落等上述「小細節」，大家是否覺得無傷大雅？其實，**從東西的擺放方式，可以看出一個人的內心狀態**。

難道大家覺得帶著凌亂不堪的思緒或煩躁的心情出門也無所謂嗎？我想答案應該是否定的。各位如果重視自己，就不應該怕麻煩，而是要動手把東西收拾乾淨或重新歸位。

檢查的另一項重點是讓五感產生運作。指差確認會運用到「視覺」，但除此之外，我們也要盡量動員「聽覺」和「嗅覺」。例如洗手間的水龍頭如果沒有旋緊，理應會發出水滴掉落的聲音。如果活用聽覺，我們就可以察覺，並把水龍頭重新擰緊。

如果咖啡機的開關一直保持在「ＯＮ」，最後會傳出一股輕微的焦味。掌握氣味是嗅覺的工作。活用嗅覺，可以提醒我們要關掉開關。出門前的檢查工作，只需要短短幾分鐘便能完成。

整理房間等於是整頓內心。最後，請大家別忘了每天花幾分鐘檢查確認，帶著整頓好的心情出門吧。

「儀態」

出門前先來張「自拍」

每個人都會在意周遭對自己的眼光，同時也會觀察別人。觀察別人以後，有時候還會做出狠毒的批評。

「她的品味還算可以，但就是打扮得太花俏了。我覺得她應該低調一點。」

「用名牌是沒什麼不好，但用到全身都是名牌也太過火了吧。一點個性也沒有。」

姑且不論這些批評是否中肯，唯一可以肯定的是，這些人的觀察都很到位，連小細節也沒有錯過。不過，從相反的角度而言，這些人反而對自己視而不見。

標榜要「沉穩低調」的人，說不定其實打扮得比自己批評的對象還要「華麗」；強調「個性」很重要的人，很可能看起來就像路人一樣「樸素低調」。

畢竟與別人相處時，無法確認自己的舉手投足和表情，所以也算情有可原吧。

佛教有這麼一句話：

「威儀即佛法」

這句話也有「端正威儀」等說法，不過這裡所指的是儀表和言行舉止。這句話所要表達的意思是，只要端正舉止，就等於實踐佛法。

觀察的對象不應該是別人，而是自己。

「檢查儀態」應該也納入早晨的課題。意思是檢查自己要以何種儀表、行為舉止或表情展開一天。我建議各位不妨養成確認的習慣。

確認的方法很簡單，出門前照鏡子就可以了。看看自己的儀容有無凌亂之處、姿勢是否端正、表情會不會顯得不自然等。建議大家可以從各種觀點檢查自己出門前的模樣。

最理想的是在玄關進行確認，但是有些家庭的玄關沒有鏡子；如果是獨居的男性，可能會理直氣壯的說「我家只有洗手間和浴室有鏡子」。

既然現在是人手一台智慧型手機的時代，改成用手機自拍如何？**出門前，在玄關來個自拍**。除了可以確認全身的穿戴是否妥當整齊，也能觀察到姿態和表情。

「領口看起來好像少了點什麼？打條領巾好了。」

「表情看起來有點沉重，應該再笑得開心一點。」

照片的好處是具有紀錄性質。值得善加利用。

舉例而言，人的心情總是會有高低起伏。遇到幹勁特別旺盛的日子，對工作也會表現得更積極。

心情陷入低潮時，不妨找出鬥志激昂時那天的自拍照。

這麼一來，想法可能會出現轉變「啊，原來這是那天的穿搭。那今天也再穿一次試試看吧！」

人的心情會隨著穿的衣服而改變。

小池百合子在之前的東京知事選戰中，以「綠色」當作象徵顏色，最後順利打贏選戰。如果大家把照片歸檔，或許也能找出自己的「幸運色」或「戰鬥服」。

「今天的會議結束後就大局底定了，還是換成深藍色的套裝吧。」

我認為找到自己的幸運色或戰鬥服也是重要的「成功祕訣」，不知各位覺得如何呢？

「愛語」

主動打招呼，改善職場氣氛

我在前面已經提過問候的重要性，接下來談談進公司後的問候吧。在公司碰面時，由下屬主動向主管打招呼是上一輩的既定觀念。一旦下屬忘了主動打招呼，會惹來主管訓斥「你在搞什麼啊，連打招呼也不會嗎？難道你不知道打招呼是出社會最基本的一步嗎？」

隨著時代改變，職場的上下關係也跟著瓦解，但如同前述，「年輕人不會打招呼」已經成了棘手的現實問題。

造成這個問題的原因倒是相當簡單。因為沒有人教，長大後自然不知道該怎麼打招呼。當然，打招呼是社會人士應有的必備基本條件，至今依然不變。

「不習慣」沒辦法當作正當的理由。

如果各位在職場上也遇過同樣的狀況，是否能伸出援手，讓年輕人早點適應該怎麼打招呼呢？方法很簡單，只要人在公司的時候，自己主動開口向同事打招呼，不管對方是上司還是下屬都一視同仁就行了。

「早安！」

用開朗宏亮的聲音向對方打招呼，不但能夠和緩現場的氣氛，也會化為活力的來源。聽到有人向自己搭話，即使是不擅長向人問候的年輕一輩，也不可能不回應吧。

有句話說「不是學習是習慣」。即使苦口婆心地向年輕一輩訓話或苦勸，恐怕大多數的人還是無動於衷。因為知易行難是人之常情。或許有些人還會替自己找藉口「公司不是辦公的地方嗎？就算沒向同事打招呼，只要把份內的工作做好就沒問題了吧……」

一旦年輕人用歪理替自己開脫，理由要多少有多少。為了不讓他們有機會找藉口，最好的辦法是自己率先以身作則。畢竟只要聽到主管或資深前輩先開口問候自己，所有的歪理也只能自動閃邊。不論樂意與否，自己一定得回應打招呼。我認為這是個突破難關的關鍵點。只要自己先開口打招呼，年輕的後輩也會被激發出開口打招呼的意願。因為我認為這是一種他們能夠親身體會的感覺。

愉悅舒適的心情，是行動時所需的最佳能量。

相信以後只要在公司碰面，年輕的後輩自然也會開口打招呼了。

禪教誨大家要多使用**「愛語」**。

關於愛語，道元禪師曾這麼說：

「需學愛語回天力」

意思是替人著想，以慈悲心為出發點的話語，具備足以撼動世界的力量，值得我們學習。

「什麼才稱得上是愛語呢？」

我想一定會有人產生這樣的疑問。大家不需要把它想得太複雜。

我認為「早安」就是標準的愛語。不單是主動開口的自己，接收這句話的對方也會充滿好心情。只要達到這一點，就算是符合愛語的資格。

請各位在開始辦公之前，先說句愛語吧。

「款待」

抱持款待之心

企業的內部情況各有不同，所以我無法保證。不過，為公司裡的人或訪客泡茶的人，通常都是由女性擔任吧。不僅如此，這份職務經常被視為「無聊的工作」。

殊不知「雖然只是泡茶，卻又不只是泡茶」。

大家有沒有聽過**「三獻茶」**這個故事呢？

織田信長死後，豐臣秀吉為了統一天下的大業南征北討。想當初，秀吉還是近江長濱的城主時，有一次在獵鷹的途中感到口渴，因此來到一座寺廟想討杯水喝。

寺廟的少年端來了一大碗茶水給急需茶水解渴的豐臣秀吉。茶碗裡注滿了微溫的茶水。

口渴的秀吉立刻一飲而盡。

接著他要求「再給我一杯茶」。這次少年端來了一個稍微小一點的茶碗，裡面裝了微熱的茶水。這時，秀吉的心裡出現了某種想法。為了確認自己的推測，他又要了第三杯茶。接著，少年端了一個裝了熱茶的小茶碗出來。

「和我想的果然一樣！」秀吉在心中忍不住擊掌叫好。

第一杯茶裝滿了微溫的茶水，是為了能立刻止渴。第二杯的用意是讓人品嘗稍燙的茶水；第三杯端出了熱騰騰的茶水，則是為了讓人慢慢品出茶味……。秀吉理解了少年的用意。

他把少年收為家僕。這個少年，就是後來成為秀吉的心腹的石田三成。以上便是有關「三獻茶」的逸聞。

單從獻茶的順序便能快速慧眼識人的秀吉固然教人折服，能夠憑藉泡茶這項乍看之下平凡無奇的行為，受到秀吉認可的三成也非池中之物。

看過這則逸聞，大家對「泡茶是件無聊的事」的成見是否改觀了呢？

拜東京二〇二〇年奧運主辦權的爭奪戰所賜，「Omotenashi（款待）」這個日文單字廣為全世界所知。從泡茶的方式就可以明顯看出，泡茶的人是否帶著款待對方的心意。

有些人泡茶的時候，只把它視為一種義務，完全不當一回事。這樣一來，當然喝茶的人也絲毫感覺不出款待的心意。

但是，如果加了一道替喝茶的人著想的「工夫」，泡茶的方式不但將因此出現變化，同時也增添了一份款待的心。

每個人喝茶的喜好不同，我想公司裡一定有些人偏好喝燙一點的茶，也有人喜歡稍微溫一點的茶。另外，有人喜歡喝澀味重一點的茶，也有人剛好相反，喜歡沒有澀味的茶。

泡茶的人若能掌握對方的喜好，沖泡出最為恰到好處的茶水，是最理想不過的。這項程序做起來沒有想像中麻煩。如果要泡溫茶，只要先從茶壺裡倒出來放涼就好；如果要燙一點的茶，在送茶之前才倒。至於濃淡的調整，則依照倒茶的先後順序。

花了心思所泡出來的茶，會讓喝茶的人產生「這是為我量身訂做的茶」的感覺，也能充分體會泡茶者的款待心意。這樣的茶和無視每個人的喜好，制式泡出來的茶水，喝起來截然不同。如果要款待客人，一開始可以先端出冰鎮的麥茶，稍後見機送上熱茶。想必對方一定能感受到你的款待之意。

自己做的事情如果讓對方樂意接受，自己也會感到喜悅。

一早進入公司，你可以選擇一邊泡茶一邊抱怨「好無聊又好麻煩」，或者改變心態，仔細沖泡出每一杯茶，並且細細品味從泡茶中所得到的樂趣。選擇權完全操之於各位手上。

「不懈」

假日也在一樣的時間起床

不曉得各位都怎麼度過假日的早晨呢？

「放假嘛，我通常都會睡得很晚。」

可以想像，這應該是多數人的回答。

說不定很多人不只是「睡很晚」，而是一整個早上都在睡覺。

以我個人而言，如果前一週太累的話，我會多睡一點，不過寺廟沒有假日，就算到了星期六、星期日、國定假日，作息也幾乎和平日無異。我每天還是一樣在早上4點半起床。

為了消除工作所累積的一個星期份的疲勞，我覺得假日睡晚一點並不為過。但我認為即使睡晚一點才起床，最好也不要大幅改變生活的節奏。如果睡到日上三竿才起床，一整天的行程都會受到延誤。如果下午也只顧著看電視，等到回過神時，很可能已經是晚上了。

另外還可能會發生一種情況。因為白天睡太飽的關係，晚上睡不著，導致假日結束的隔天早上爬不起來。所謂的「稍微睡晚一點」，最晚也最好不要超過「比平常起床時間晚一個小時」。

禪的修行中也有假日。稱為「放參」或「四九日」，也就是每個月中帶有四或九的日子。

「優待」的內容因修行道場而異，大體而言，遇到假日時，起床時間會延後一個小時，或是省略掃除、割草等勞務工作。也有些道場的作法是省略晚上的坐禪。

修行僧們會利用從日常修行稍微得到解放的日子剪頭髮（稱為淨髮）或縫補作務衣（禪宗的僧侶做雜務時所穿的衣物）等修繕作業。如果修行時間已經累積了一段時間，也允許外出購買日常用品。

以前規定只有在四九日才能沐浴。據說對以前的修行僧而言，沐浴是此時最大的樂趣。當然沐浴也是淨化身心的重要修行，除了有必須遵守的作法規則，沐浴時也禁止私下交談。

當然，各位的生活與修行僧不同。假日對一般人而言，隱含著養精蓄銳、調劑生活的意義。

如果讓整個上午一事無成，不知不覺就結束一天，實在可惜。

大好的時間不如用在運動，好好流一身汗，讓身心獲得舒暢；或者走一趟美術館或博物館，來一趟知性之旅，讓自己大開眼界。看電影、看表演，或者購物，都不失為補充心靈能量的好方法。

不論做什麼都好，最重要的是讓時間發揮最大的效益。

這時早上何時起床，就顯得重要了。

最好盡量在和平常一樣的時間起床。如果想睡晚一點，也不要「超過一個小時」。

起床的時間足以左右假日的品質，而且關係到隔天是否能擁有一個神清氣爽的早晨。

「持續」

把洗衣服固定為假日上午的例行公事

不知不覺就睡掉大假日的另一個原因可能是，很多人並沒有事先決定好要做的事。

既然並沒有特別的計畫或預定，很多人就會想：「反正又沒事，乾脆就繼續睡吧。」

換句話說，如果預計有事情要做，就有可能早起。既然如此，建議各位不妨選定幾件事情，讓假日上午變得「有事做」。

我覺得洗衣服很適合被排進假日早晨的待辦事項清單。

不過，我的意思並不是一口氣洗完累積了一個星期的髒衣服。正如前面已經和大家提過，累積得愈多，看了心情愈煩，反而更不想動手。

我建議各位把待洗的衣物分為每天（隔天也無妨）清洗和留待假日清洗兩類。

例如內衣、襪子、T恤等「貼身衣物」就是每天（或隔天）清洗，床單、枕頭套、不容易乾的厚重衣物等「大型衣物」留待假日再洗。

現代幾乎每個人用的都是全自動洗衣機，所以可以先要把衣服放進洗衣機，再放水和洗衣粉。

換言之，早上起床後，只要記得按下洗衣機的開關就行了。大家可以利用自動清洗和脫水的這段時間去做其他事情。晾衣服的時候，順便收下前一天晾的衣服摺好（如果是隔一天洗，洗完的隔天只要摺衣服就好了）。

當然，利用晚上的時間摺好早上洗的衣物也可以。不過不難想像晚上可能會被工作耽誤而晚歸，在身心俱疲下就提不起勁了。

不如養成新的習慣：利用週間的早上洗貼身衣物和摺好前一天晾乾的衣服，把厚重的大型衣服留到假日早上處理，晚上收起來摺好。

如果都是輕薄短小的衣物，乾得也快，晾在房間裡應該不成問題。至於假日洗的大型衣物，可以晾在室外曬太陽。

要不要試著改變原有的洗衣服模式和習慣呢？

「在週末的早上洗衣服？我以前從來沒想過這麼做。」

會有這種反應的人，或許不在少數。

但是，每一種生活型態或生活方式，如果沒有踏出最初的第一步，又如何開始呢？

禪的修行道場對修行訂有一定的期間，稱為**「制中」**。

制中的期間為一百天，一旦開始修行，就必須進入迴異於平日的生活，不難想像一開始一定覺得很辛苦。

包括早上得非常早起、坐禪坐到腳發麻疼痛，還得完成平常不熟悉的讀經和勞務等。

但是，即使流淚求饒也不管用。該做的事還是得做，沒有例外。

不過，只要咬著牙堅持下去，原本的苦痛會逐漸變得輕微，等到過了100天，所有被交付的事也能順利完成。這表示身體已經牢牢記住流程了。

據說從釋迦牟尼的時代，就有「制中」了。將一百天作為修行期的時間設定，我只能用絕妙這兩個字形容。因為不論什麼事情，只要持續進行一百天，就能夠成為自然而然的「習慣」。

當然，一想到「我有辦法持續一百天嗎？」這個問題，大家可能不是搖頭就是嘆氣。

所以，**我們首先要踏出第一步**。

首先試著執行一個星期看看剛才提到的洗衣「方式」吧。如果能夠順利執行一個星期，接著鼓勵自己再接再厲「再試一個星期」。如果順利達成，再鼓勵自己依序進入第3、4週。

「持續是一種力量」

只要持續下去，一百天不知不覺就過了。經過這一百天，「流程」也逐漸瞭然於心，化為生活習慣之一。

我相信只要時間一到，手腳自然會動起來，開始洗衣服。

想等到方便的時候再洗也沒關係。

總之請試著踏出「第一步」。

「計畫」

列出一張想利用假日進行的「目標清單」

前面已經提過，「預定」是付諸行動的原動力。

如果假日被預定的計畫填滿，「一整天無所事事」的情況就不會發生。

當然，把計畫排得過於密集會讓自己喘不過氣，這樣等於本末倒置，讓假日失去原有的意義，無法達到養精蓄銳的目的。

「從容不迫」是我們該謹記的原則。

到了一整天可以自由運用的假日時，各位會想做什麼呢。請列舉腦中馬上想到的選項。

我想可能的選擇包括以下幾項：

・更換房間的擺設

・觀賞電影或看表演

・運動或上健身房重訓

・看書

・購物買東西

・和朋友共進午餐或晚餐

請各位想到什麼就先寫下來，接著排出優先順序。

排出優先順序，也是提高動機的一大助力。

「這部是現在最熱門的電影，我一定要看。看過後也能在工作當作聊天的話題……」

「這陣子總覺得提不起勁。還是先改變房間的佈置，讓心情也跟著煥然一新吧……」

「距離上次和朋友連絡已經是好久以前的事了。就利用假日一起吃個午餐吧……」

決定好優先順序後，就趕快記錄在行事曆上。寫在萬用手冊或利用手機管理都可以。

重點是要讓自己隨時看到這些預定的計畫。透過「看得到」這個動作，實際付諸行動的意願也會變得更加強烈。

每週六日都休息的話，一個月至少有8個假日。請各位以一個月為單位，為計畫排出優先順序吧。

即使有時一整天都以靜態活動為主，例如看書、聽音樂也無所謂。遇到這種時候，我建議不要只是在行事曆上寫著「看書」、「聽音樂」，而是更為具體的記錄，至少要填寫書名或專輯的名稱。原因正如我前面提過的，具體化可以維持、甚至提高我們付諸行動的動機。

正如「星期一症候群」一詞，聽說很多人一到星期一的早晨，心情就開始憂鬱，甚至身體也覺得不舒服。

根據我的觀察，我認為假日的運用方式是造成此現象的原因之一。如果早上睡得太晚，一整天漫無目的地就過了，就容易出現所謂的星期一症候群。

如果有該做或想做的事，不但能夠起得早，全身也會充滿動力。
請大家務必做好假日的「時間規劃」。

第五章

晨活禪精神，找回真實自我

「心態」

如何讓早晨的好心情延續一整天

各位有聽過「緣起」這兩個字嗎。我們一般常說緣起好、緣起不好，所以這兩個字想必大家都不陌生，其實「緣起」是從佛教而來的術語。

意思是事情的起源、事物的源頭。

換句話說，所謂的緣起好，意思是一開始就結下好緣；所謂的緣起不好，意思是結下惡緣。

能夠以愉快的心情，度過充實的早晨時光，應該稱得上以好緣展開全新的一天吧。

結下的好緣會產生連鎖反應。如果一早能保持好心情，而且過得很充實，想必一整天不論做什麼事，都會往好的方向發展。不但對工作會展現出更積極的態度，人際關係方面應該也是一帆風順。

不過，或許有些人會這麼想：

「工作上就是會遇到棘手的部分，人際關係的處理上，有時也必須和討厭的對象來往。一大早好不容易培養出來的好心情，一定都被破壞了，反而變得更消極……」

這時，請各位以禪的角度思考。以下為大家介紹一則有關禪的小故事：

有位修行僧在旅行途中，在山中一間破舊的屋子棲身一晚。這間房子的天花板破爛不堪，冷風不斷從隙縫吹進來。修行僧只好拆下地板，當作柴薪勉強取暖。眼前的處境，讓修行僧忍不住嘆了口氣：

「為什麼偏偏是我，不得不在這種地方度過一晚呢？」

修行僧在百般無奈之下，在心裡對自己說「只能這樣了」。當他才一躺下去，卻大吃一驚。

因為他發現皎潔美麗的月光從天花板的隙縫傾瀉而下，閃閃發光。

就在這一瞬間，修行僧的心念一轉。

「啊，沐浴在如此美麗的月光下，這是何等難能可貴的事啊。我得感謝今天晚上能住在這裡……」

大家覺得如何呢？只要念頭一轉，只好在破屋棲身一夜的「悲慘」遭遇，立刻就反轉成為「難能可貴」的幸運。

決定的關鍵在於「心念」。

把原本覺得可悲的情緒轉換為值得珍惜、感激涕零的心情，也就是把負轉為正。這正是所謂的禪心、禪式思考。

那麼，遇到棘手的工作或不善於應付的對象時該如何應對呢？

如果想著真頭痛、真不想面對，心情就會變得退縮。可是，不管工作還是人際關係，該面對的終究躲不掉。既然如此，何不改變自己的心念呢？

好比說，可以這麼想：

「之所以會把這份工作交給我，足以證明我在主管的心目中是一個有能力的人。我就按照自己的方式全力以赴吧。」

「如果一直抱著抗拒的心態，根本無法踏出第一步。人際關係中最重要的是誠意。我能做的就是盡可能表現出自己的誠意。」

如果能轉變為這樣的心態，想法也會變得更積極。原本意興闌珊的態度，是不是也會逐漸變得興致勃勃呢？

遇到心情即將退縮的時候，不妨把它當作對自己的「試煉」。

容我不自量力的向大家介紹聖經裡的一段話：

「你們所遇見的試探，無非是人所能受的。神是信實的，必不叫你們受試探過於所能受的；在受試探的時候，總要給你們開一條出路，叫你們能忍受得住。」

這裡所謂的「出路」並不是逃避之路，而是克服之路。

我認為試煉是讓人獲得成長的精神食糧。通過考驗，才能蛻變，獲得新生。

只要隨時保持這樣的心態，不論白天發生了什麼事情，都不會妨礙一早結下的好緣。

即使發生不如意的事，
天底下沒有過不了的難關。

「捨棄」

垃圾分類，學習放下

不曉得各位都是如何處理家裡的垃圾呢？

垃圾分類在日本多數地區已是法定義務，必須依照「紙」、「塑膠」、「寶特瓶」等分類，進行資源回收。

有些人的做法是不論哪一類的垃圾，反正都先往垃圾桶隨便一扔，等到回收資源垃圾時，才開始進行垃圾分類。這種做法的特色是缺乏效率。

我每天早上一定會把垃圾桶清空。由於寺外才有垃圾回收場，所以我會依照垃圾做好分類，再把一袋袋的垃圾帶過去，分別投入紙類、塑膠等各個分類的垃圾桶。

如果事先做好分類，到了倒垃圾的日子，只需要提著垃圾袋丟在指定的場所，非常輕鬆。

只需走幾步路就有垃圾回收場的家庭畢竟是少數，所以我建議在室內準備幾個垃圾桶，以便依照垃圾的種類各別丟棄。

這麼一來，相信各位會得到有趣的新發現：

「昨天和今天都丟了不少超商的微波食品塑膠盒呢。原來這幾天的晚餐都是買現成的東西回來吃，沒有開伙。為了顧及營養均衡，偶爾也應該下廚才對。」

垃圾會反映出一個家庭的飲食狀態，所以從垃圾的內容就能檢討自己的飲食生活。每天早上做垃圾分類，也能從中進行健康管理。

撇開垃圾不談，身為現代人，每個人擁有的「東西」都太多了。

捨不得放棄到手的東西，是人的「本質」和「業」，正因如此，人所擁有的東西才會有增無減。

如果東西堆得到處都是，不僅佔空間，連心也會顯得狹隘逼促。這樣的人絕對不在少數。東西和垃圾一樣，也有分門別類的必要。

已經好幾年沒穿過的衣服、完全沒開封的物品，即使丟棄，也不會造成困擾。繼續放在手邊的話，即使再過幾年，恐怕也不會拿來穿、拿來用。這樣的物品，都只是徒具空間的「收藏品」。

請乾脆的放手吧。

有一句禪語這麼說：

「放下著」

意思是捨棄、捨棄再捨棄。

不論是有形的物品，還是思維，捨棄得愈多，心靈愈感到充實。人變得神清氣爽，看起來光彩耀人。

捨不得丟棄放下，是因為心中存有執念。所以捨棄，等同於放下執著。

當然，所謂的捨棄，並不是當作垃圾一掉。

禪認為萬物皆有生命，因此要盡可能讓生命發光發熱。希望大家打算要把東西丟掉時，能先思考這一點。

運用的方法應該很多。例如送給自己的好朋友，這樣一來，東西就得到了生命，不再是閒置一旁的雜物。或者，把物質送到許多會將物資送往未開發國家的非營利團體，也不失為可行的辦法。

即使是穿了很久的舊衣服，對物質匱乏的國家和地區而言，依然是寶貴的物資。自己送出去的衣物，如果能讓對方感到開心，並且心懷珍惜的繼續使用，不就是最理想的再生方式嗎？把東西送到跳蚤市場拍賣，也不失為一種辦法。

就像「極簡主義（Minimalism）」這句最近流行的新詞彙，「極簡生活」正受到大眾注目。這樣的風格，和禪式生活可說不謀而合。

讓心靈保持富足，神清氣爽地度過每一天。

請各位以此為目標前進吧。

不論是垃圾還是物品，
都應該一一分類。
如果已經用不到了，
就放手吧。

「赤腳」

早晨的赤足時間

前面已經提過，接觸大自然對身心兩方面都會帶來正面的影響。

但是，生活在都市的人，只要一進辦公室，直到工作結束，幾乎都待在密閉的大樓裡。

為了提振精神，我建議各位利用午休時間等空檔，讓自己置身於自然的空間。

如果辦公室附近有公園，不妨到公園走走。現在有些大樓把頂樓開闢成庭園，如果置身於那樣的環境，也能感受到大自然的氣息。

遇到炎熱的夏季或酷寒的嚴冬時節，或許是強人所難，不過讓自己接觸外面的空氣，或是感受冷到寒毛直豎的寒風，其實非常重要。逐漸適應暑氣或寒意，是身體的一種反應。也可說是生命的習性。

相反的，長久置身在冷暖氣完備，不會流汗也不會冷得直打顫的環境下，只會讓生命力逐漸衰退。

即使只有短短10或20分鐘也好，走到外面讓身體感受到炎熱或寒冷，能夠強化生命力。

我認為早晨最適合「打赤腳」。

我平常都是打赤腳，只有在天氣很冷的寒冬才會穿上足袋（日式分趾襪）。打赤腳的收穫是感受會變得更鮮明，例如馬上可以體會「春天終於到了」、「秋天的腳步近了」。

身體能夠感覺到四季的變化更迭。

而且打赤腳對身體也有好處。

在禪修期間，一整年都要穿著足袋，或許是多虧了這樣的鍛鍊，修行僧基本上都與感冒無緣。

根據我的經驗，只要氣溫降了幾度就立刻穿上厚襪子的人，反而更容易感冒。我建議各位，早上散步的時候最好不要穿襪子，而是直接套上夾腳拖鞋或木屐。

據說，腳的大拇指和食指之間有許多與腦和內臟相通的穴道。穿上木屐或夾腳拖鞋時，鞋帶會刺激各個穴道，等於邊走邊進行穴道按摩，對健康也有幫助。

穿高跟鞋的女性應該不少吧？長期穿細跟高跟鞋會導致拇指外翻是眾所皆知的事實。拇指外翻不只會引起疼痛，據說也是姿勢不良的元兇，最後甚至會造成走路的姿勢異常，以及膝蓋疼痛。我遇過的醫生表示，拇指外翻和頭痛、肩膀僵硬也脫不了關係。

有些人因為工作上的需求，不得不穿高跟鞋，但起碼利用「早晨的赤腳」時間，讓雙腳得到解放吧。

在早晨踩著喀啦作響的木屐，悠閒散步。
想必身心都會感受到像是有一股暖流注入。

試著在早上打赤腳，
直接穿上木屐或夾腳拖鞋散步吧。

「適度」

早餐好好吃，午餐八分飽

下午對忙碌的上班族而言，是極為「致命」的危險時段。睡意陣陣襲來，眼皮也變得愈來愈沉重…相信有過這種經驗的人應該不在少數。想睡覺是不可抗拒的生理需求，所以想睡的時候就睡個5、10分鐘吧。強忍著睡意繼續工作，效率一定大打折扣。人的身體真的很不可思議，即使只睡了短短幾分鐘，就像快速充電般，立刻變得精神百倍。一旦恢復精神，又可以照常工作，把剛才睡掉的5、10分鐘輕輕鬆鬆地彌補回來。

業務等外勤人員，只要找個咖啡店或利用搭車的時間小憩就行了。

問題是整天坐辦公室的內勤人員。我鼓勵這些人老實向大家表明「我需要睡10分鐘」。

比起假裝工作，其實是在睡覺，我倒蠻欣賞這種開誠布公的態度。或許我向各位提出的「建議」聽起來像天方夜譚，但是，只要鼓起勇氣和同部門的同事溝通，說不定能夠得到大家的諒解。

「我允許我們部門的同仁午睡10（5）分鐘。」

有些作風開明的主管或許能夠體恤部下，遇到這種主管，實在太有福氣了。

如果上述做法在執行上有困難，還可以試試其他對策。

據說消化器官為了消化午餐，需要大量的血液。當大量的血液都集中到消化器官，運送到腦部的血液也因此減少，導致人會覺得頭腦昏沉。

這就會「人在下午容易昏昏欲睡」的原因。

當然，午餐吃得愈多，消化器官所需要的血液量也會跟著增加，導致腦部的血液更加不足。

舉例而言，一個飢腸轆轆的人可能會做出這樣的決定：

「啊，肚子好餓！那間餐廳的商業午餐很划算，吃得到大份量的漢堡排。今天中午就吃這個吧。」

換言之，這個人等於在空腹的情況下大量進食，如此一來，消化器官必須在他用完餐後全力以赴，才能消化食物。

遇到忍不住想大吃一頓的時候，請各位想起這句日本自古的格言：

「腹八分」

意思是一餐只要吃到肚子有八分飽。這樣一來，可以減輕消化器官的負擔，腦部也不會因為血液不足，引起精神渙散。

不過，也有這樣的格言：

「皇帝不差餓兵」

意思是人在肚子餓的情況下無法順利工作。雖然說兩全不能其美，但還是有折衷的辦法。

有什麼方法可以讓人午餐即使只吃到八分飽，又不至於在下午昏昏欲睡呢？

或許有人已經想到答案了。就是好好吃早餐。

只要早餐確實吃飽，到了吃中餐的時候，就不會感覺「肚子好餓」。

因此只要吃到八分飽，甚至七分飽就覺得夠了。

這麼一來，供給腦部的血液不至於出現匱乏，自然就能精神飽滿的繼續下午的工作。

下午是否能維持神清氣爽，關鍵同樣掌握在早晨。

早餐好好吃，午餐八分飽。

「面授」

反思電子郵件的正確使用方法

不論是工作還是人際關係，以溝通的模式而言，在某個時期產生了一個重大的變革。也就是「電子郵件」的普及。電子郵件的特點是收件者可以利用自己方便的時間閱讀，所以寄件人不需要考慮對方的狀況。電子郵件雖然方便，但使用上也有必須注意的重點。

電子郵件，應該只用於事務上的聯絡。

如果是工作上的聯繫或私人聚會的通知，電子郵件的確是很方便的溝通工具，甚至是最方便的管道。

但是，如果要以文字道歉或有事拜託對方，使用電子郵件是否恰當呢？

舉例而言，假設因為傷害到對方，或者作出失禮的舉動，最後卻只寫了一封電子郵件道歉，對方看了會有什麼感受呢？

「做了這麼過分的事，居然想用一封電子郵件來打發我？太沒有誠意了吧！」

對方會有這樣的反應，一點都不讓人意外。

有句這樣的禪語：

「面授」

最初的原意是由禪師向弟子當面傳授禪法。後來才轉變為強調重要的事情，要面對面直接傳達的重要性。

向人賠罪或拜託，應該算是典型的「重要大事」吧。

事實上，直接與對方面對面，深深的向他低頭表示「這次真的很抱歉」，或者誠懇有禮的表示「這次要麻煩你了」，才能把自己的心意確實傳達給對方。

在上述兩種情況下，完全不適合使用電子郵件。說得直接點，只會「幫倒忙」。

這種內容的電子郵件，如果不小心偏偏在晚上寄出去，保證會「雪上加霜」。因為夜晚的黑暗無光，宛如惡魔妖物。黑暗會煽動人不安的情緒，容易助長負面情緒的擴大。

大家是否有過這樣的經驗？到了晚上，重新回想起某些討厭鬼對自己說過的話，更覺得怒火中燒。但奇怪的是，如果等到早上再次回想，卻又心態一轉，覺得「其實也沒什麼大不了」。

被一時難以抑制的怒氣沖昏頭，在盛怒之下所寫的內容，如果是手寫的書信，到了第二天早上，心情已經平復，自然能冷靜看待：「根本不需要寫到這種程度嘛。昨天我怎麼會這麼生氣呢？」

想當然爾，自然也打消了寄出去的念頭。

但如果是電子郵件就不同了。電子郵件只要「按下傳送鍵」就可以寄出去，沒有緩衝的考慮空間。換句話說，因為一時鬼迷心竅，在盛怒之下寫出的文字，當場就寄給對方了。

此舉等於種下煩惱的種子。因為到了第二天早上，人就開始後悔了。

「我竟然發了那種內容的郵件，怎麼辦？其實我沒那麼生氣，但要是讓他誤以為那是我的『本意』就慘了！」

不但如此，寶貴的早晨時光也跟著大受影響。

有關電子郵件的「正確使用方法」，請各位務必謹記在心。

重要事務避免使用電子郵件，選擇其他能確實傳達的方式。

「離開手機」

關掉手機，把時間留給自己

我平常外出時都是自己開車，有時候也會利用大眾交通工具。每次搭乘大眾交通工具時，最讓我啞口無言的莫過於車內的光景。車廂內的乘客，十之八九都盯著手機的螢幕，看得目不轉睛。這個畫面，是否也說明了現代人，尤其是年輕世代與智慧型手機的「關係」呢？手機之於他們，應該是一整天都不離手的隨身物品吧。

手機的用途很多，除了在社群媒體與他人互動，也有玩遊戲、上網等功能。不論大家用手機來做什麼，應該稱之為「病」的「手機上癮症」，已經在我們的生活中蔓延開來。

我們的生活，可說已經被手機綁架了。

歐美的名流們似乎最早嗅到這股社會風氣所帶來的危害。有些由名流們主辦的派對，已經規定所有的參加者在進場前，必須把手機寄放在會場入口。

派對是為了讓參加者互相交流而舉辦。之所以會如此規定，目的是避免不絕於耳的手機鈴聲，干擾了舉辦派對的目的。

在手機上癮症愈演愈烈的時代，我建議各位不妨也向歐美的名流人士看齊，把**「暫時遠離手機」**的習慣也帶進日常生活。

具體而言，每天一到晚上十點，就把手機放回手機架「歸位」。只要放回手機架，不論是鈴聲或震動通知有來電，也不要再把手機拿起來查看。

「萬一有急事要聯絡我怎麼辦？」

這種情況確實有可能發生。不論是工作上遇到突發狀況，或者是家人遭逢意外，如果錯過了聯絡的確很麻煩。

不過，這種突發狀況只是偶爾發生，而且，就算真的發生了，對方應該會鍥而不捨，一再打電話過來。如果發現手機差不多每隔5分鐘就有來電，這時就可以破例接電話。

有了這樣的變通之道，「偏偏有急事要聯絡的時候找不到人」的遺憾就不會發生了。

請各位想一想，過了晚上10點，手機最常用來做什麼事呢？我想十之八九都是在瀏覽社群媒體吧？或者只是隨意閒聊「你現在在幹嘛」、「你要參加這次的聚餐嗎」、「你知道嗎？我買了上次我們一起逛街時看到的包包」等，都不是非急著聯絡不可的大事。即使等到第二天早上再回覆，也完全無傷大雅。

「我的Ｌｉｎｅ如果不趕快變成已讀狀態，會被群組唾棄啦……」

我聽說有人一定要保持隨時用Ｌｉｎｅ和人聯絡的狀態，否則就會覺得很不安。如果有人已經對手機如此重度成癮，也莫可奈何了。

想要和人保持聯繫，或許是現代年輕人的特徵。

法。

但是若以為透過社群媒體，只要能找得到某個人就能放心，是錯誤的想法。

要得到真正的安心感只有一種方法，第一步就是正視自己。

徹底檢視自己的內心，用心過日子，才有能力選擇「能夠安心過日子的方法」。

晚上10點以後不用手機的時間，是與自己安靜對話的專屬時間。利用這段時間來檢視自己，是最理想不過的。

暫時把手機拋到九霄雲外的另一個好處，是以後不會再為了回覆訊息而耽誤就寢的時間，也不會因為留意手機的動靜而影響睡眠品質。

如此一來，各位一定能夠精神飽滿的迎接早晨到來。

請大家務必實踐「暫時遠離手機」的習慣。

晚上10點以後不接手機，把時間留給自己。

「切換模式」
工作和私生活必須有所區別

「勤勉」是日本人的傳統美德。雖然時代已經大為轉變，但這項傳統似乎一直延續至今。舉例而言，現在還是有不少人習慣把工作帶回家做。

我沒有要否定他們努力工作的態度，只是我認為，**即使專注於工作，懂得「切換模式」也很重要**。

人的專注力畢竟有限。如果白天已經埋首工作，晚上回到家還要集中精神繼續工作，恐怕並不容易。

另外，許多靈光一閃的好點子或突發的奇想，大部分都是在離開工作時才湧現，不是嗎？

從這個層面而言，**我認為原則上最好不要把工作帶回家**。辦公室是工作的場所，家裡則是放鬆、療癒、享受天倫之樂，或者做自己喜歡的事情的場所。希望大家能做好這樣的認知，明確區分。

在進入寺廟或神社之前，要先經過「山門」（佛寺的大門）或「鳥居」（神社前的紅色拱門）。山門和鳥居意味著「結界（屏障）」。換言之，透過山門和鳥居，把空間隔為「俗世的空間」和「神聖的空間」。

前往參拜的人，透過穿越山門和鳥居的動作，把俗世的意念留在外面，也就是拋開煩惱和妄想，讓心思變得清明，才踏入神聖的空間，向神佛祈願。換言之，結界的存在是為了讓心從俗世切換到神聖。

把心情從工作模式切換到下班模式的時候，這裡所提到的「結界」也能派得上用場。

舉例而言，假設我們把距離家裡最近的車站的剪票口當作結界。早上離開家門，只要一踏進剪票口，就開始把心思轉移到工作，利用在抵達辦公室前的這段時間，讓心情逐漸切換到工作模式。

相反的，當我們結束了一天的工作，從一踏進離家最近的車站的剪票口，就要拋開工作的事情不想，進入回家休息模式。

結界可以是自家的玄關，也可以是辦公室的大門。有些原本以為自己可以把工作和私生活劃分得很清楚，卻還是模糊不清的人，如果在心中設一個結界，就能夠順利地劃分了。

現在有些企業，允許員工一星期只要進辦公室一次，或者是在家裡上班。屬於這種工作性質的人，不妨以工作室的門當作結界，只要開門走進去，就進入工作模式，從門口走出來，就切換為結束工作模式。

當然，有時候因為迫於無奈，不得不把工作帶回去繼續處理。這時候可以改用「時間」來切換模式。

「在家裡加班的時間最多就是一小時。超過一小時就停下來。」

如果一直工作到就寢，即使躺在床上，滿腦子還是工作的事，不但妨礙睡眠，第二天早上醒來的時候也可能精神不濟。

我們必須了解工作與個人生活有所區別，這是很重要的。

建立自己的「結界」，讓工作和私生活的界線不再模糊。

「提前準備」

讓早上不再匆忙

小時候，我每晚在睡覺之前，有一項非做不可的「儀式」。我會先把明天去學校要穿的衣服、上課要用的課本和筆記本、作業等一樣不差的準備好。聽說，不少小朋友也習慣先把明天要穿的衣服放在枕邊。

一開始，我只是聽從母親的吩咐「把明天要用的東西準備好」，後來逐漸養成習慣，即使不用大人叮嚀，我也會自動自發去做。為明天早上提早做好準備，也算是家庭教育的一部分。

如果提早做準備，隔天一早起床，伸手一拿就有衣服替換，也不必擔心自己會忘東忘西。

這就是所謂的「有備無患」。

各位在就寢前，會先把明天早上要用、要帶的東西準備好嗎。大部分的人，都是等到早上起床，才開始物色今天要穿的衣物，找出今天工作上要用的資料，最後再確認錢包、票卡、手機等隨身物品是否遺漏。

請各位回想過往的經驗，確認這種作法是否曾造成不便。

「這麼一想，以前遇過要穿的時候，才發現衣服的鈕扣掉了，最後只能急忙再挑其它的衣服穿。」

「我曾經在出門後，才發現手機忘在家裡，只好匆匆跑回去拿。再差個幾分鐘上班就會遲到，真的急死我了。」

我想，這類的「慘痛經驗」應該每個人都有過吧？

尤其是重選衣服，更可能牽一髮而動全身。假設當天剛好在晚上安排約會，自然對服裝更加講究，說不定連全身的穿搭、配件，通通都得重新挑選。

例如一旦重新換了一件衣服，用來搭配的絲巾、手提包和飾品都得跟著更換。

不論如何，要重新決定好一個造型，恐怕會耗費不少時間。但是，只要前一晚做好準備，就可以省下這些時間與工夫了。

如果匆匆忙忙的抵達公司，就算沒有遲到，但可能也失去了從容，讓一早的工作有個亂糟糟的開始，導致一連串的失誤發生，或者忘記應該優先處理的待辦事項。結果一整天從頭到尾，都在焦慮與慌亂中渡過。

「又不是小學生了，幹嘛還要先準備明天早上的東西……」

我想一定有人不以為然。

但是，只要是「好的習慣」，不論具體內容為何，都應該積極實踐。

或許一開始會覺得麻煩。但即使麻煩，還請不要放棄。因為這是養成好習慣的唯一辦法。

前面提過的宮崎奕保禪師曾經這麼說：

「人一定要懂得模仿。所謂的學習，從模仿開始。只模仿一天就不做，就是模仿了一天；模仿兩天後放棄，就是模仿了兩天。但如果模仿了一輩子，最後就弄假成真，變成自己的東西了。」
連禪師都親口認證了。
請大家全力以赴，認真的「模仿」小學生吧。

晚上就寢之前，
先做好隔天早上的準備。

「用心」專心可以把每一件事情做好

我在前面一章已經提過，建議各位在晚上先完成隔天一早煮粥的前置作業。等到各位養成習慣，接著再更進一步挑戰早餐的「備料」。

習慣吃西式早餐的人，可以先把沙拉做好備用，煮幾顆水煮蛋。喜歡吃日式料理的人，最簡單的就是先做好涼拌菜或一夜干（短時間製作完成的魚乾），備好味噌湯的配料。

對於傾向常略過早餐不吃的現代人，我尤其推薦。

一起床就可以飽餐一頓。而且還是自己前一晚親手張羅、準備的餐點，應該沒有人不想把早餐吃得一乾二淨吧？

養成在前一天晚上備料的習慣，能有效戒除不吃早餐的惡習。畢竟都特地備料了，在料理時也別忘了正確的態度。

禪把飲食視為很重要的一環。

道元禪師在他的著作《典座教訓》中，講述了許多心得：

「掏洗米飯、烹調菜餚時，典座要親力親為，全神貫注，連一點小細節也不可忽略。進行時必須聚精會神，那怕只有一瞬間，也不可怠惰偷懶。絕對不可因為只注意某一件事，而忽略了其他事。」

如同前述，典座是掌理全寺飲食的禪僧。禪把準備三餐也視為修行，所以道元禪師一一列舉了典座的份內工作，**其中我希望各位效法的是「用心去做」**。

製作沙拉也好，調理涼拌菜也好，都要盡心盡力的準備。不可以抱著隨便做做，交差了事的心態。**因為盡心準備早餐，和其他所有的事情息息相關。**

不用說，吃飯時要專注在吃飯這件事上，因為能否帶著誠心和人打招呼、用心工作、誠心誠意地待人接物，其實都和吃飯是否專心有關。

不論好壞，人的行為舉止都有其「連貫性」。

早餐的準備工作做得馬虎隨便的人，不可能對工作全力以赴，力求完美。**對小事用心的人，不論做什麼都會全心投入。相反的，在小事上偷工減料的人，做什麼事情都會敷衍了事。**

這點非常重要，請各位銘記在心。

事先準備好的沙拉或涼拌菜，可以先裝入容器再包上保鮮膜，但是保鮮膜不能多次使用，否則會有汙染的可能，只能將之丟棄。以環保的觀點而言，使用可以完全密封的保鮮盒更為理想。

另外，我也建議各位，不妨利用假日，一口氣多準備一些「存糧」。冬天時，關東煮、建長汁（由建長寺的僧人所傳承下來的蔬菜湯，含有大量的根莖類蔬菜）等湯品可以多做一點保存起來。關東煮可以當作晚餐的主菜，而且愈煮愈入味可口。湯品還可以取代早上的味噌湯，一舉兩得。

另外，也可以做一點美式醃黃瓜或是佃煮（味道鹹甜的日式燉煮料理）。

這些看似平常的家常小菜，也會有意想不到的利用方法喔！

例如請男朋友或女朋友到家裡吃飯的時候，就可以端出自己親手製作的醃黃瓜或佃煮招待對方。

「哇，親手做的料理好好吃喔！」

想必你在對方心目中的印象也會直線上升吧。

為明天作準備，一樣用心。

「夜坐」

睡前靜心，一早就有好心情

為了迎接神清氣爽的美好早晨，**「睡一場舒服的好覺」**是必備條件。如果各位善用睡前的30分鐘，會不會有幫助呢？

如果希望心情保持穩定平和，我建議各位務必要做一件事，就是「坐禪」。修行中有所謂的「夜坐」，意思是睡前的坐禪。

說得具體一點，「夜坐」是修行僧各自在熄燈後坐禪。透過夜坐所得到的舒適感，沒有其他事物可以取代（曹洞宗的本山僧堂目前已經沒有夜坐，但據說臨濟宗目前仍維持面向禪庭夜坐的習慣）。

禪庭的白沙在柔美月光的照射下，散發著一股幽玄之美。只要靜坐於前，就感覺自己已經和大自然融為一體。平穩的感覺逐漸滲透內心的每一處。在這樣的精神狀態下，自然能擁有一夜好眠。

這就是所謂的禪修。最重要的是在睡前養成固定做同一件事情的習慣，也就是「例行公事」（Routine）。

說到Routine，我總是馬上想到現在仍活躍於美國大聯盟的鈴木一朗選手。鈴木一朗在進入打擊區之前，永遠重複著分毫不差的動作。堪稱Routine的最佳寫照。

雖然是日美職棒生涯的總計數字，但鈴木一朗之所以能創下超越彼得・羅斯的四千兩百五十六支安打數等眾多偉業，我認為他所仰賴的是Routine所帶來的力量。

對打者而言，不論今天的狀況是好是壞，最重要的是能夠保持平常心，臨危不亂的站在打擊區，直到比賽結束。

正因為堅持Routine，鈴木一朗才能成為一流的打者。

請各位也選定一項在睡前30分實行的例行公事，每天持之以恆吧。

坐禪其實沒有什麼注意事項，不需要想太多，只管坐下來就對了。如果不想坐禪，也可以改做其他事情。唯有一項條件必須遵守，就是**自己做起來真的覺得「心情愉快」**。

例如：

·翻閱喜歡的畫冊
·坐下來，悠閒地眺望星空
·做做簡單的伸展操
·點上精油燈或精油蠟燭，沐浴在香氛之中
·喝點小酒

或許有點自吹自擂的嫌疑，不過我也很建議大家翻閱拙作《禪庭》（日本每日新聞社發行）。

最後，請各位用「合掌」的動作來結束這30分鐘的例行公事。家裡有佛壇的人，就在佛壇前合掌，如果沒有，就找一個固定的地方進行。合掌的用意是為了向祖先報告每一天發生的事。

「多虧各位祖先的保佑，今天也度過平安的一天。這陣子一直在進行的工作，終於告一段落，讓我覺得很開心，也很有成就感。謝謝你們。我明天也會繼續努力，請各位繼續保佑我。」

講完這段話，就表示今天的例行公事結束，可以上床睡覺了。有了一夜的好眠，想必第二天一定能夠迎接神清氣爽，朝氣蓬勃的早晨。

睡前30分鐘，
做些喜歡的事，
作為每天的例行公事吧！

「放心」

總是胡思亂想，容易覺得不安……

首先我想問大家一個問題：

「什麼時候最讓你感到不安？」

我可以預測絕大多數的人都會這麼回答：

「晚上一個人獨處的時候。」

白天忙於工作和諸多雜務，是不安無機可趁的時段。但是到了晚上，當人終於解脫這些束縛之後，不安的勢力就會逐漸抬頭了。

我想，這是受到前述「惡魔妖物」的影響。

不論是因為工作、人際關係還是戀愛，任何方面的問題都有可能成為不安的種子。

而且，一旦開始不安，不安會像雪球一樣，愈滾愈大。

「難得有機會被提拔為專案小組的一員，為什麼我偏偏會出這種紕漏呢？說不定我會被除名……。只是被趕出去還好，說不定從此還會被烙下「沒用」的記號。重要的工作以後也不會交給我了。如果運氣不好，搞不好會被炒魷魚？」

即使實際上只是犯了一點小失誤，不安卻會不斷膨脹，甚至擔心自己被列入裁員的黑名單。

接著，煩惱和痛苦的思緒如排山倒海而來。到了晚上，依舊找不到可以排解的出口。

然而，不安是唯一的結局嗎？

我們可以從下面這個故事找到答案：

「達摩安心」

這個故事起源於禪宗的開宗祖師・達摩大師和二祖慧可大師之間的對話。內容如下：

慧可雖然持續修行，但心中依然感到不安。因為他不知道自己要修行到何種程度，才能從不安解脫。為此百般煩惱的慧可，向師父達摩大師表明自己的苦惱：

「我老是覺得不安，不知道該怎麼辦。您有沒有辦法可以消除我的不安呢？」

達摩大師這麼回答他：

「原來是這回事啊。那麼，你趕快把你的不安帶來這裡。只要你帶來，我立刻消除你的不安，讓你從此安心。」

慧可遵照師父的指示，拚了命尋找不安，但怎麼找還是遍尋不著。

慧可老實地把這件事稟告師父。

聽了慧可的話，達摩大師這麼告訴他：

「你瞧，你的不安不是消失了嗎？這下你可以安心了吧。」

這則故事所要表達的意思是，之所以找不到不安，是因為它沒有實體。換句話說，不安不過是內心擅自想像的產物。只要察覺到這一點，自然不會因為不安而飽受折騰了。

以剛才的例子而言，實際上發生的事情，唯一具有實體的不過是「工作犯錯」這件事。之後所衍生的「不安」，充其量只是「說不定會有這種結果」、「如果演變成那樣該怎麼辦」等自己的想像，毫無根據。

況且，被踢出小組、分派不到工作、被公司炒魷魚等嚴重事態，都是還沒有發生的未來。

沒有人可以預測未來的發展，對未來會發生的事也無能干預。

既然面對的是自己無法掌控的事，那麼就「放下不管」吧。這是禪的思維。

不安的情緒如果到了晚上不斷膨脹，記得提醒自己「這件事不去管也沒

關係。別再想了！」

再次提醒大家，利用晚上思考，是完全錯誤的行為。

為了迎接美好的早晨，前提條件是先度過平和舒適的夜晚。

到了晚上就讓頭腦淨空，
不去想多餘的事。

「回溯」

消除當天的懊悔心情

人每天都會產生新的經驗，不斷累積。在各種經驗當中，如果遇到「在心中難以忘懷」、「值得感謝」的情況，雖然和我剛才在前一篇才說的正好相反，但有時在晚上抽點時間回想這些事情，倒也不壞。

「來公司拜訪的客戶今天稱讚我『我從以前就覺得你的櫃檯接待做得很得體，讓我覺得很愉快。現在我每次都很期待拜訪貴公司的日子。』知道有人肯定自己的表現，感覺實在太高興了！」

如果自己平日認真投入工作的表現受到肯定，因此感到滿足幸福時，請回想當時的感覺。

回想這些愉快的經驗不但能再度提升自己對工作的積極度，內心也一定會激起一股「我要讓對方更加滿意」的鬥志。換句話說，**回想印象深刻的事，等於是從中獲取讓自己得到成長的能量**。

「他平常總是一臉冷冰冰的樣子，但今天好像看到他內心溫柔的一面。真的讓我感動了一下。」

如同上述，回想當時對方帶給自己的感動，不但能加深你和對方日後的互動，而且未來，和對方相處的時候，也會變得比以前更加愉快。

在腦海重溫幸福的感覺和感動，最大的好處莫過於各位的心也會因此得到撫慰，變得溫柔。

話說回來，**留下深刻印象的是並不只有好事。其中應該也包括悔恨和值得自己深思或反省的事情**。

例如有時候也會發生類似這樣的事情。

「看她的樣子，好像有話想對我說，不巧我剛好有事正忙，沒時間聽她好好說。她是不是有事情想找我商量呢？真是對她不好意思。」

「我和朋友講電話的時候，不小心說了重話。雖然我完全沒有惡意，還是應該多體諒對方的心情⋯⋯」

回想這些需要改善的行為也是好的。各位也有這樣的經驗嗎？

「在睡前回想這些事情，難道不會影響睡眠嗎？」

沒錯，我在前一章的確說過，晚上不要「想事情」。

不過也不是沒有例外。像是有答案的問題、在自己能力範圍能夠解決的問題就不在此限。由於時間有所限制。建議大家先預計好時間的長短，再利用這段時間思考解決的辦法。

如果是剛才列舉的案例，通常只要「5分鐘」，應該就能理出頭緒了。

「對了。我明天一大早就主動問她『你昨天本來想和我說什麼？』好了。」

「主動打電話給朋友，一開口就先道歉。然後向他表明我真正的想法，請他諒解吧。」

只要能找到對策，也就是認清自己下一步該怎麼做，心裡的疙瘩就會消失得無影無蹤。因為你已經找到可以讓這件事好好告一段落的方法了。

如果問題都已經告一段落，剩下的就是實踐前面提到的例行公事。

如此一來，每天醒來就能迎接美好的早晨。

回想白天發生過的事，找出解決方法，付諸行動。

後記

「如何度過早晨，決定這一天會是怎樣的一天。」

這是我在本書從頭到尾一再強調的重點。

因為這一點，讓我得到出版本書的機會；想到長久以來的信念終於能彙集成書，內心充滿了感謝。

透過本書的付梓，讓我深深體會到，是我一向用心實踐的「充實早晨」為我帶來了這次機會。

各位讀了本書，對早晨的印象是否也跟著改觀了呢？

是否也燃起一股「我要調整早晨時段的運用方式」的想法呢？

本書也提到，**禪的根本之道是「立即實踐」**。

當然，每個人各有不同的生活形態，所以對各位而言，本書介紹的運用方式，有些很容易入門，但有些難度較高。

哪怕只有區區幾項也好，只要感覺執行的難度似乎不高，請立刻付諸行動。

總而言之，最重要的是踏出第一步。踏出第一步後，心情也會因為這一步而感到雀躍。

只要勇於嘗試，我相信各位一定能獲得「接著來試試這個好了。我應該辦得到！」的積極行動力。

只要一步步累積下去，各位的早晨將會愈來愈充實。

不必急，一步一步慢慢來就好。

另外，請各位仔細體會，透過這些實踐後，身心所產生的各種變化。

「這種舒暢的感覺，好像還是生平第一次體驗！」

「原來走向車站的腳步也可以這麼輕鬆，沒有負擔。」

「一早起來保持平穩的好心情，可以持續一整天。」

我已經開始期待各位將出現的改變了。

隨著早晨時光的充實程度與日俱增——

想必會全身充滿活力。

我相信這也會成為各位人生中幸福的起點。

身兼精神科醫師與知名散文家的齊藤茂太曾這麼說：

「只要一早有個積極的起步，一整天都能保持積極的心情。」

這句話堪稱至理名言。不論做什麼事，「起步」最重要。

如果本書能發揮棉薄之力，讓各位的早晨時光的充實度更上一層樓，這就是身為筆者所能感受的最大喜悅。

合　掌

平成28年　12月吉日　於建功寺方丈　枡野俊明

國家圖書館出版品預行編目資料

晨活30分，九成的煩惱都會消失 / 枡野俊明著；藍嘉楹譯. -- 初版. -- 新北市：世茂, 2017.010
面； 公分. -- (銷售顧問金典；92)
ISBN 978-986-95210-1-7(平裝)

1.禪宗 2.佛教說法 3.佛教修持

226.65 106012704

銷售顧問金典92

晨活30分，九成的煩惱都會消失

作　　者／枡野俊明
譯　　者／藍嘉楹
主　　編／陳文君
責任編輯／曾沛琳
封面設計／劉凱亭
出 版 者／世茂出版有限公司
地　　址／(231)新北市新店區民生路19號5樓
電　　話／(02)2218-3277
傳　　真／(02)2218-3239（訂書專線）、(02)2218-7539
劃撥帳號／19911841
戶　　名／世茂出版有限公司
世茂網站／www.coolbooks.com.tw
排版製版／辰皓國際出版製作有限公司
印　　刷／世和印刷股份有限公司
初版一刷／2017年10月

ＩＳＢＮ／978-986-95210-1-7
定　　價／280元

KOUUN HA KANARAZU ASA NI OTOZURERU
Copyright © Shunmyo Masuno
Originally published in Japan by SHUWA SYSTEM CO., LTD, Tokyo
Chinese translation rights in complex characters arranged with SHUWA SYSTEM CO., LTD, Tokyo
Through Japan UNI Agency, Inc., Tokyo

Printed in Taiwan

世茂出版有限公司
世潮出版有限公司
智富出版有限公司

世茂出版有限公司
世潮出版有限公司
智富出版有限公司